U0902016

优秀员工的职业气场修炼

YOUXIUYUANGONGDEZHIYEQICHANGXIULIAN

气场释放神奇力量，助你成就人生梦想。

李　勇◎著

修炼职业气场：生活，工作，如影随行；商场，职场，攻无不胜。

命磁力场，是当下生命状态的全景展现，它像空气一样环绕在我们周围，看不见，摸不着，但却影响我们每个职场人的仕途。人际交往，实际上是气场的较量，职场中，不是你影
就是对方影响你。气场强大的人，生命能量充沛，心志从容淡定，能够感染人、影响人、说服人，是职业人生的掌控者与操盘手。气场弱小的人，生命能量欠缺，心志萎靡不振。
要想纵横职场，事业有成，就要修炼自己强大的职业气场，拥有了强大的职业气场，小则赢得一场约会，大则赢得整个人生。

修炼气场就是修炼人场；修炼气场就是修炼财场；修炼气场就是修炼运场。

企业管理出版社
ENTERPRISE MANAGEMENT PUBLISHING HOUSE

图书在版编目(CIP)数据

优秀员工的职业气场修炼/李勇著. — 北京：
企业管理出版社，2013.5
ISBN 978-7-5164-0329-7

Ⅰ. ①优… Ⅱ. ①李… Ⅲ. ①企业—职工—修养 Ⅳ. ①F272.92

中国版本图书馆 CIP 数据核字(2013)第 079197 号

书　　名:优秀员工的职业气场修炼
作　　者:李　勇
责任编辑:尤　颖
书　　号:ISBN 978-7-5164-0329-7
出版发行:企业管理出版社
地　　址:北京市海淀区紫竹院南路 17 号　　**邮编**:100048
网　　址:http://www.emph.cn
电　　话:总编室(010)68701719　发行部(010)68414644　编辑部(010)68414643
电子信箱:80147@sina.com
印　　刷:北京市德美印刷厂
经　　销:新华书店
规　　格:170 毫米 ×240 毫米　16 开本 印张 15.5 226 千字
版　　次:2013 年 5 月第 1 版　2013 年 5 月第 1 次印刷
定　　价:32.00 元

前言

“气场”是美国心灵励志大师皮克·菲尔博士提出来的一个心理学和交际学的概念。自从菲尔博士提出了“气场”这一概念后，“气场学”风靡全球。但气场早在几千年前，就是我国道教中常见的一个概念。“气场”应写作“炁场”，“气”通“炁”。而“炁”，并不同于我们呼吸中的“气”，而是指一种形而上的神秘能量，而且这种能量极具威力，不仅能伤人于无形，更能救人于垂亡。在道教传说中，当这种“气”达到一定的程度，就能使人长生不老，甚至飞升成仙。听起来似乎有些太过玄妙和神秘，而且“气”这种东西看不见也摸不着。然而，现代心理学和交际学已经证明，气场确实存在，而且每一个人都有不同的气场。

那么，在当前，风靡全球的这个“气场”，到底是什么？

在菲尔博士的代表作《气场》一书中，他认为一个人最大的价值来源在于他在某一方面收获的存在感、他对别人的影响力，以及他对自己人生的掌控力，并在此中体现出来的让人无法抵挡的魅力。这种从一个人身上自然而然焕发出来的魅力，就是一个人的气场。这种气场可以是吸引力、控制力、影响力、感染力、威力甚至是魔力，它既是一个人风度、气质、修养、形象的体现，也是一个人能力和状态的表现，更是一个人能够影响和感染他人的力量。更可喜的是，这种力量人人皆有，只不过有的人强，有的人弱。本书中所说的“职业气场”，正是借用了菲尔博士的概念，意为“职场员工的气场”，指的正是员工身上焕发出来的吸引力、控制力、影响力、感染力、威力、魔力和魅力！

在职场，我们很容易就会发现，那些具有出众的形象、超凡的气质、迷人的魅力和出色的能力……也就是那些气场强大的人，往往也是事业最成功的人，是行业内最拔尖的人物。如巴菲特、马云、李开复、白国周、孔祥瑞等等。在很多时候，同样学历、同样技术、同样起点和同时工作的两个人，命运却会在三年或五年之后，大相径庭，其中最重要的一点，就是两个人在这三年五年的工作中，各自的气场发生了改变。那些善于修炼自己的气场、不断使自己气场增强的人更成功，而不懂得修炼气场、气场弱小的人则沦于平庸之中。

如果说命运真的神秘难测，真的有一种时刻左右着我们的命运，却永远难以被我们参透的玄机的话，那么气场肯定是其中的一个！很多时候，恰恰是这个看不见、摸不着、却又无处不在、无时不在的“气场”，左右着我们的前途和命运，决定着我们的明天和未来！当我们气场强大时，我们就会顺风顺水，事事随心，不论是事业还是人生，都会无往而不胜。因为气场强盛就意味着你不仅可以展现自己的良好形象，搭建人脉提升人际关系，有效掌控自己的职业生涯，敢于面对任何挑战，勇于战胜各种困难，还可以保持自己的身心健康，获得幸福的家庭和美满的人生。所以，一个人要想有所成就，获得一个灿烂的职场前途，拥有一个美满幸福的人生，就需要不断地修炼自己的气场。只有修炼自己的气场，才能唤醒优秀的职业人生，让你的职业人生顺畅、美满。

要修炼自己的职业气场，首先要从内心开始。内心才是强大气场的源头活水，只有内心强大了，才能让你的气场强大起来。要学会自信、乐观和宽容，要提升自己的人品道德，让气场一点一点从内心开始积蓄，剔除消极，发挥专长，增强能力，拓宽人脉，展示自己，勇争第一，当自己的气场无人能及时，你也就理所当然地成为了职场上最优秀、最卓越的员工！

那么，从现在开始，修炼你的职业气场吧，让强大的气场引领你跨过职场的险滩，抵达人生的峰顶！

目录
Contents

第一章　修炼气场，唤醒优秀的职业人生

什么是气场？气场就是一种存在于每一个人身上的能量场，就是一个人外在形象和内在修养所表现出来的一种魅惑力、感染力和影响力，而这种神奇的力量，正是一个人成功的关键。一个气场强大的人，在任何地方都具有不可抵挡、无从抗拒的魅力，不仅令人敬畏，让人佩服，更会赢得上司的欣赏、客户的喜欢和同事的欢迎，因而，要想使自己的职业人生更加优秀、更加精彩，就要修炼自己的职业气场。让自己气场强大，才能在职场变得优秀。

1. 你的职业命运写在气场上 / 2
2. 气场越强大职场越成功 / 5
3. 气场的本质就是自我塑造 / 9
4. 修炼你的职业气场，让职场之路越走越畅 / 14

第二章　锤炼内心，让职业气场由内向外

内心的锤炼是气场修炼的依托。内心不强大，气场也不可能强大。所有的行当里，你要让自己成为最优秀的员工，必须先让自己有一颗强大的内心。用自信、乐观、希望和宽容来辅助自己锤炼内心，让职业气场一点一点地从内心开始积蓄，并由内而外焕发出来，你就会成为最优秀的员工。

1. 自信心，强大气场的“源头活水” / 20
2. 乐观，积极上进的气场原动力 / 26
3. 雄心勃勃，高远的目标锻造出超然的气场 / 30
4. 始终心怀希望，让自己成为一个小太阳 / 34
5. 超越逆境，把磨难当成修炼气场的战场 / 36

6. 保持平和，以宽容和大度让自己受人欢迎 / 41

第三章　修身进德，高尚的品德是强大气场的源头

个人品德是职业操守的保障，也是职场上的个人品牌。修身进德方可提升自己的人际吸引力，气场才能得到足够的空间去修炼。所以，正直、诚信、礼貌、谦和、虚心，以品德打造个人的职场魅力，让自己成为别人可以信赖的人，你就可以有好的人缘和机缘，摇身变成职场上最有气场的优秀员工。

1. 提升个人品德，气场自然强大 / 46
2. 坦荡处世正直为人，修炼正义气场 / 49
3. 诚信工作，让自己“值得信赖” / 52
4. 注重礼仪，用修养和魅力打造气场 / 55
5. 奋发进取，塑造强大影响力 / 60
6. 谦和虚心，低调同样有气场 / 63

第四章　剔除你的消极，发掘职业正能量

消极情绪是气场能量的“死敌”，不剔除你的消极，你就发掘不出自己的职业正能量，也很难成为有强大吸引力的优秀员工。要努力克服自己的消极情绪，其手段包括保持积极的心态、主动地去做事、减少自己的抱怨等等，做到了这些，你就可以在职场上修炼正面的气场能量。

1. 心态不同，气场就不相同 / 66
2. 消极情绪妨碍你的气场 / 70
3. 剔除消极，努力发掘职场正能量 / 74
4. 积极气场从主动做事开始 / 77
5. 在职业词典中删除“不可能” / 77
6. 把抱怨换成改变，战胜职场负能量 / 81
7. 远离负气场，融入正气场 / 84

第五章　准确定位，找出自己的职业专长

没有定位就没有发展，给自己一个准确的定位，就能发挥出自己的职业专长。有了专长，个人才会有舞台去发展自己，进而做出杰出的工作。想方设法在专长上下工夫，蓄积足够的气场能量，练就出众的职业能力，你就可以在职场上游刃有余了！

1. 认清自己，给自己一个准确定位 / 90
2. 规划职业生涯，从现在开始蓄积气场 / 92
3. 树立职业榜样，成功从模仿开始 / 95
4. 发挥专长，让自己成为行业专家 / 98
5. 扬长避短，发挥自己的职业专长 / 102
6. 在自己的专长上游刃有余，散发强大气场 / 104

第六章　提升能力，能力越强气场越足

能力是气场的基础，不提升自身的职业能力就不可能修炼出强势的职业气场。一个人要提升的能力有很多，如合作能力、创新能力、学习能力等，这些能力都是不容忽视的，要保证自己有一方或者是多方能力的专长，才能在职场上更耀眼，成为众人敬佩的对象。

1. 超强的职业能力是职业气场的前提 / 108
2. 提升合作能力，主动团结协作 / 111
3. 提升适应能力，懂得随机应变 / 113
4. 主动创新，创造非凡业绩 / 116
5. 精益求精，让自己不可或缺 / 118
6. 潜心求知，让职业气场不断增值 / 122

第七章　搭建人脉，人脉愈宽广气场愈强大

在现代职场，人脉即是机遇和财富。个人能力始终是有限的，单凭一人之力来修炼自己的职业气场是极其困难的，只有不断提升自己的人气，搭建更多的人脉，为自己赢得最多的人缘，才能更好地增强自身的气场能量。显而易见，不懂得融入一个圈子或是不懂得与关键人脉保持适当的距离，就很难顺利地完成岗位上的工作，气场也会受到负面能量的影响。

1. 散发职业亲和力,提升人气 / 126
2. 职场人脉气场的双向交流 / 130
3. 利用现有的职业资源建立圈子 / 132
4. 要把自己"包装"成圈中人 / 135
5. 搭建职业人脉时需要拿捏"最佳距离" / 138
6. 用人脉营造气场,助你平步青云 / 142

第八章　言行得当,一言一行提升气场能量

一个人言行得当,举止得体,就自然能得到领导的赏识、同事的欢迎和客户的信任,他的工作自然也能轻轻松松,顺心遂意,气场能量必定就能得到大幅度的提升,成为周围人的核心,职场之路也能走得顺风顺水,一路畅通!

1. 用有效的语言感染对方 / 146
2. 用赞美打开他人心扉 / 150
3. 巧用鼓励占尽职业先机 / 154
4. 保持距离,化解同事敌意 / 156
5. 一呼百应,统领你的下属 / 160
6. 把自己当成一家公司去经营 / 162

第九章　学会做势,乘势而行提升气场

借风腾云,乘势而利,是提升自己气场的秘诀。善于借势、造势、用势的人,总是更容易获得成功。因为借名人之势、别人之势、权威之势可以迅速提升自己的气场,并能让自己在岗位上"势"如破竹,风正帆速!

1. 静时积蓄能量,动中巧妙用势 / 168
2. 借名人之势,壮大自己的声势 / 171
3. 借权威之势,赢得事业先机 / 173
4. 借他人之势,成自己之"事" / 176
5. 借舆论之势,为自己增威 / 178
6. 借风腾云,乘势而行营造气场 / 181

第十章 展示自己,让自己放出光芒

职场上不懂得去展示自己,你的努力就是徒劳的。酒香也要走出深巷子,金子也要摆在市面上。一个人要在岗位上努力地营销自己,引起别人的注意,才能光芒闪亮。精美的名片、良好的形象、热忱地工作等等都能使你更好地展示自己,提升自己的气场。

1. 活跃气氛,吸引别人的注意 / 186
2. 给自己设计一张抓人眼球的名片 / 189
3. 形象力就是吸引力,以形象展示气场 / 191
4. 用热忱感染周围的同事 / 198
5. 多在上司面前增加曝光率 / 203
6. 把工作做出成绩,让自己放出光芒 / 208

第十一章 勇做第一,你的气场无人能及

有争才会有得,不争就只能将一切拱手让人,这就是职场的生存哲学。优秀员工都是在竞争中脱颖而出的。你就得学会争第一,以赢家姿态在岗位上工作,你才能成为别人惊叹的王者。敢于竞争,你的潜能才会被无限开发,你才能具备强大精神力量,炼造出惊人的职业气场。

1. 有王者的心态,把自己当成中心 / 214
2. 有赢家的姿态,要坐就坐第一排 / 216
3. 敢于竞争,不惧怕任何困难 / 219
4. 引爆潜能,激活你的潜在气场 / 223
5. 勇做第一,你的职业气场就无人能及 / 227

附 录

气场测试 / 232

第一章

修炼气场，唤醒优秀的职业人生

什么是气场？气场就是一种存在于每一个人身上的能量场，就是一个人外在形象和内在修养所表现出来的一种魅惑力、感染力和影响力，而这种神奇的力量，正是一个人成功的关键。一个气场强大的人，在任何地方都具有不可抵挡、无从抗拒的魅力，不仅令人敬畏，让人佩服，更会赢得上司的欣赏、客户的喜欢和同事的欢迎，因而，要想使自己的职业人生更加优秀、更加精彩，就要修炼自己的职业气场。让自己气场强大，才能在职场变得优秀。

1.

你的职业命运写在气场上

气场是什么？细究起来，这其实是我国道教的一个概念，“气场”应写作“炁场”，“气”通“炁”。而“炁”，则是中国哲学和道教中常见的一种概念，指一种形而上的神秘能量，不同于我们呼吸中的“气”。但是这种能量却极具威力。在今天，心理学和交际学已经证明，气场确实存在，而且每一个人都具有不同的气场，每一个人也都能感受到来自于他人的气场。事实证明，那些气场强大的人，往往也是影响力、亲和力、吸引力和控制力强大的人，也是最容易获得成功的人。一个气场强大的人，不仅会令其他人不由自主地仰视他，而且很容易被他的气场所征服，不由自主地追随他。

《世说新语》里记载了三国时曹操的一段逸事：

> 三国时，曹操统一中原，声威大振，四方朝觐。匈奴王也派使者觐见。曹操觉得自己面貌丑陋，身材短小，担心震慑不了远道而来的使臣，被人小瞧了。于是吩咐相貌堂堂的谋士崔琰代替自己端坐于上，自己则捉刀立于旁侧。觐见结束后，曹操派人问使者：“觉得魏王怎么样？”使者回答：“魏王风雅威望不同常人，但身边举着刀的那个人，才是真正的英雄！”

这就是气场的威力！

有气场的人，不管是端坐上位还是叨陪末座，都能让人感受到一种强大的能量，芳华自吐，不怒自威，让人远远就能感受到他的与众不同！

那么，气场到底是什么？简单地说，气场就是一个人的形象、姿态、表情、眼神、思想、气质以及学识、气度、能力等共同作用而形成的一种强大的影响力、亲和力、吸引力、感染力、控制力、领导力和魅力的能量场。这种似乎看不见摸不着的能量场却有着神奇的力量。

现代气场学开山鼻祖、《气场》一书的作者菲尔博士认为，气场可以是吸引力，是魔力，也可以是某种具备神秘能量的魔咒，它使得人们的目光总是被你所吸引，不论你在做什么，都能让你受人关注。“气场”比“吸引力法则”更为强大，“吸引力法则”仅仅是“气场”的一个支线而已。仅仅是气场的一个支线，就足以让那些伟大的人物成就一生的伟大事业，获得非凡的成功，如柏拉图、伽利略、贝多芬、爱迪生、卡耐基、爱因斯坦……可见气场威力无比，足以成为我们命运的掌控者。

职场也是一样，你的职业命运很大程度上来自于你的气场，来自于你的影响力、亲和力、吸引力和掌控力，来自于你怎样把你的气场和外界的各种因素很好地融和，怎样发挥你的气场威力，让气场为你打开你的职场之路。

小陈是山西人，在老家一所普通的技术学校学了三年厨师之后，就开始找工作。当时由于他觉得老家地方小，就业比较困难，就到了北京，希望可以找到更多的机会。到了北京之后，由于他不会在网上投简历，所以很长一段时间都没有找到工作。但是他并没有坐以待毙，而是每天走街串巷，看看有哪个酒店招聘厨师，一看到招聘信息，他都不会放过机会，一定要去试试。不过由于参加面试的人实力都很强，而且很多都有大厨经验，所以几乎每次他连试菜的机会都没有便败下阵来。

有一天小陈去一家饭店吃饭，突然听到厨师和老板发生了争执，老板就要辞退这名厨师，但是当时老板并没有准备好接应的人手，所以有些着急。小陈想：老板刚刚发过脾气，现在肯定心情复杂，我现在还是不要去毛遂自荐，以免让他当成出气筒，还是得想个办法。正好这时候小陈点的菜来了，他开始认真地品尝菜肴。按照他多年的厨师经验，他觉得这位厨师做的菜火候和刀功的确有所欠缺。

于是小陈让服务员把老板叫了来，指出了这道菜有哪些不足，还详细说明火候的掌握和刀功的技巧。老板看他说得确实有道理，便不住地点头附和。见老板似乎心情不错，小陈趁机建议，如果想让饭店的生意更加红火，最好能做出自己的特色。

小陈说得头头是道，老板也听得津津有味，并很快就开始欣赏起小陈来。老板问小陈是做什么工作的。小陈说："我是一名厨师，刚来北京没几天，正要准备找工作。如果你有兴趣，我可以做几道菜给您尝尝，你也可以看看我的刀工和火候。"老板正愁缺一个厨师，看小陈信心满满的样子，就让他试了一下。最后，没有工作的小陈顶替了辞职的大厨。

"三分天注定，七分靠打拼"，所谓的命运，并不是你一出生就注定好了的，它是气场和外界因素相互作用的结果。而所谓的职业命运，也不是打从一开始工作就注定好了的，它和你的气场息息相关。当你的气场吸引或是打动了别人，你的命运就会出现转机。正如小陈一样，他用自己的气场征服了老板，从而为自己赢得了一个良好的机会。

职业命运是职业气场与外在世界产生的化合反应，在你的职业生涯中，总会发生许许多多的事情，看起来好像这些都是命运提前设计好的，其实，是你的气场——你的自信、你的信念、你的心态、你的思维——设计了这一切。换言之，你的职场命运其实就写在你的气场上，你有多强大的气场，就有多光明的前途，多美好的未来。我们要善于修炼我们的气场，让我们的气场变得强大起来，才能让前途光明起来，让未来美好起来。让我们在职场如鱼得水、游刃有余，并最终摘取属于自己的丰美果实。

2.

气场越强大职场越成功

如果仔细研究那些成功的人，我们可以轻易地发现他们的共同点：足够强大的气场！而且气场越强大的人，成就越高！但是我们也很容易发现，气场总是与一个人的政治地位、经济地位、社会地位密切相关的。在看不到炮火连天却硝烟弥漫的商场和职场更是如此。许多企业和企业家的成功，其实与这个企业和企业家的气场是密不可分的。

万科的成功，可能会找出无数个原因。但如果说万科没有王石，可能就会是另一番的情境。正是因为王石强大的气场使他能在商场呼风唤雨，风生水起。

20 世纪 90 年代初，北京的房地产业刚刚起步，北京市委宣传部和国资委、建委三家要求北京的主要几家报纸盘点房地产发展的情况，虽然排名在三十多位，但由于是民企，万科也有幸被排在十家房企采访之列。当时住总、城建等国有房地产企业的领导根本不把万科放在眼里。但采访完后，一切都改变了。被选中的九个国企领导一一接受十几家报纸的记者采访，采访完后记者说，这九位领导怎么像商量好的一样，穿的都是黑西服、白衬衫、红领带，头发都是背背的，抹得亮亮的。办公室也差不多，落地窗，挂党旗、国旗，红木家具，红木书柜，里面摆着公务员手册、管理者大全、房地产全书，书一看就是新的，没有翻看过。这九个领导坐的姿势都像是排练过的，把胳膊放这儿，身体微侧。他们讲的话就像统一了口径一样，每个人一上去就是什么在北京市委、市政府、建委的正确指导下，我们开创创新、锐意进取。

但是，在采访王石时记者们眼前一亮。王石没有在办公室接受采访，因为他的办公室在东三环一带破破的二层小楼里，那一带就是农村。他把记者约到了香山脚下，他穿了一套白色运动服、白色运动鞋。大家一看，终于找到一个不一样的人了，看看说话怎么样。王石说，你们很不容易，每天在城里呼吸着汽车的尾气，工作压力这么大，天天堵车把你们弄得很郁闷。你们到香山来采访我，也算是散散心。记者一听，心中很舒服。爬山过程中王石说，经营企业就和爬山一样，爬山过程中可以后退可以前进，但是你要有足够的斗志就能够爬到顶点。现在我们民营企业有很多困难很多问题，但只要有必胜的信念，爬完这座山就柳暗花明了。记者听完后觉得，这个人讲话太有意思了，与《人民日报》登的那些传统文章都不一样。爬到山顶时王石又说，我们的前辈给北京盖的这些房子都坚固耐用，非常了不起，但是你看北京的房子都缺少亮色，我们万科从深圳来就是给北京增添一点亮色。爬完山以后他说，山有波澜起伏，我们企业也会有波澜起伏，你不能爬到一个坡路就说香山是一个大坑，你不能爬到一个高坡就说香山是一个土坡，你一定要爬到山顶才能看到全景。记者觉得他的话太有哲理了。不过是爬了一次山，但这些记者全都被王石的魅力所征服了，对他佩服得五体投地。

第二天报纸一出来，大家发现排在30多名的万科占了十一家报纸的头版90％的篇幅，另外几位差不多的只被点了个名字，就是这次采访的还有某某某。这九个大企业的领导生气极了。

爬山后王石尝到了甜头，此后他还不停地给记者曝料。后来他又带领大家去爬华山，他说自古华山一条路，今天我要带你们走另一条路爬上华山。果然，记者们从第二条路爬上了华山。爬完山后他问，你们说中国的房地产有几条路，记者说就一条路即国有企业，他说你们错了，还有一条路民营企业。这下，记者被他征服了。第二天，《光明日报》第三版标题是：自古华山还有第二条路，即中国民营企业进军房地产大有可为，里面都是讲王石怎么怎么样。

王石带着复旦大学的一名教授爬了泰山，爬山过程中复旦大学的经济学教授不停地给大家讲，你看王石这个企业家整天地游山玩水，企业还管理得特别好，所以他的管理哲学值得大家学习。记者下山后觉得像中魔了一样，天天翻着王石的管理哲学不停地报道。就这样，万科在王石强大的气场里飞速强大起来，一举成为民营房企的“老大”，王石也成为最具魅力的商界传奇。

可见，气场越强大，就越能取得成功。综观那些成功的企业和企业家，有几个不是赢在气场、因气场而成功的？像中国民众中最有气场的中国企业家——海尔的张瑞敏、联想的柳传志、搜狐的张朝阳、长虹的倪润峰、中信泰富的荣智健、万向的鲁冠球、“娃哈哈”的宗庆后、东方集团的张宏伟、UT 斯达康的吴鹰……

不仅仅是企业界，不论哪一行、哪一业，成功的人总是那些气场强大的人。

如体育圈中，篮球明星姚明，曾在美国杂志评选的全球体育界最有气场人物中排第 25 位。全美知名体育专业杂志《体育新闻》对他的评价是：他从锐步那里拿走了像勒布朗·詹姆士一样数目的钱。而随着 NBA 在中国扩张市场，姚明成了这个世界上人口最多、经济发展最迅猛国家的乔丹式人物。

而在娱乐圈，百变女王 lady gaga 的气场更是无人能挡，使她的成功无人能及。而台湾天后李玟的成功，也源于她非同一般的气场。在《亚洲周刊》选出的 50 位亚洲最有气场的人中，李玟名列其中，成为亚洲唯一入榜的艺人。她入选的原因是：歌声超级有气场，她的一举一动，也深深影响了亚洲的许多华人。

在文化圈，年轻的韩寒更是一个异类。从他的《杯中窥人》横空出世开始，他的新书一上市即遭疯抢，他的粉丝日夜增长，从最初的大小学生到如今的青年、中年甚至老年高知，都在成为他的拥趸者。当初他新开博客时，只不是一个简单的“嘿”字，就吸引了上千万的点击量，而如今他的博客点击更是高达 4 亿之多，可以想见韩寒在网民中的影响力。他的这种影响力，正是源自于他自信的心态、独立的思想和敢说敢做、不屈从于世俗的魅力。

在政治圈，成功的人就更是那些气场强大、无人能及的精英中的精英了。毛泽东、周恩来、邓小平及国外的如林肯、肯尼迪、克林顿、奥巴马、撒切尔夫人……无一不是气场强大，甚至令人不可直视的人物！

气场决定一个人的影响力，而影响力决定一个人的魅力、威力、影响力、控制力、感染力和领导力。凡是那些一呼百应、受到大家欢迎和支持的人，都是气场强大的人，也是最容易成功的人。职场也是一样。职场中那些晋升很快、发展迅速的人，大多是气场强大的人。他们往往比其他的人更明白自己应该干什么不应该干什么，比其他的人更具备强大的进取心和忍耐力，比其他人更易受到大家的欢迎，也比其他的人更具有影响力和控制力，因而他们理所当然地比其他的人更成功。

英国的理查德·布兰森被人称为是除了英国女王之外英国最著名的人了。早在16岁的时候，他就辍学创办杂志，最终成为当时欧洲最富有的人之一。与此同时，人们还评价他为懂得享受生活乐趣的亿万富翁和全世界最性感的商人。

其实，学生时代的布兰森成绩平平，毫不惹人注意。他唯一与众不同的地方就在于他有强大的气场。高中校长评价布兰森："你如果不进监狱，就一定能够出人头地。"校长的预测完全是两个极端，这预示了布兰森身上具有非此即彼的特质。不管做什么，他都会做到最极致。

小时候，布兰森就有阅读障碍症，非常厌恶学习，是老师眼中不折不扣的调皮蛋。仅仅因为校长对他说，"你要么在学校好好读书，要么退学办了杂志"，16岁的他就义无反顾地辍学办杂志。布兰森非常热爱音乐，结交了甲壳虫乐队的核心人物约翰·列侬。由于他所创办的杂志对甲壳虫和滚石等当红乐队进行了独家专访，杂志销量迅速达到了十多万份。就这样，布兰森获得到了人生的第一桶金。此后，他用这笔钱成立了"维珍帝国"的雏形——维珍邮购公司。

1984年，布兰森买了一架波音747飞机，开始涉足全然陌生的航空业。很多财经界人士都认为布兰森的这一举动几乎等于“自杀”，人们对此议论纷纷。不过，最终的结果证实了人们的担心毫无意义，因为布兰森在航空业取得了巨大的成功。

尽管企业管理或者经济学的教科书始终主张企业走专业化的道路，因为那样更容易取得成功。不过，布兰森完全颠覆了这个概念。迄今为止维珍帝国走的是完全违背专业化的多元化路线，但是却发展迅猛，不仅拥有了两百多家公司，而且涉及七十多个行业。一直以来，布兰森都把自己当成了维珍公司最好的活广告，用惊世之举获得了意想不到的效果，彻底颠覆了品牌专家不能把一个品牌过度维系在某个个人形象上的理论。

为了打造公司的形象，海湾战争期间，布兰森亲自开着自己的飞机进入巴格达解救英国人质；为了宣传维珍可乐，他亲自开着坦克辗过放在时代广场上的可口可乐，向可口可乐宣战……这一系列的举动不仅使维珍公司举世闻名，也使布兰森成为了一个传奇人物。

气场越强大，越容易成功。不管你的人生目标是什么，如果你能通过修炼而成为具有气场的人，那么，你就能够更快、更有效地实现你的目标，取得你想获得的成功。俗话说“好风凭借力，送我上青云”，气场就是这样的“好风”，只要善于运用它，成功必定指日可待。

3. 气场的本质就是自我塑造

气场是什么？

说得简单明了一些，气场就是一种魅力，一种能够改变他人或是群体的心理和行为、引导别人追随的能力，一种别人乐于接受的控制力，气场也是一种出色的个人能力和综合素质，是一个人在群体中价值的集中体现。

也就是说，气场实际是一个人外在形象的展示和内在修养的表达所带来的一种能对别人产生作用的特殊的影响力。气场的强弱不由别人来决定，而是由你自己来决定。你的形象越好，能力越强，个性越鲜明，魅力越大，喜欢你的人就越多，你的气场也就越强大。所以，所谓气场的本质，其实不是你故意去影响别人，而是通过对自我的塑造，对自我的提升，使自己成为一个能够影响、感染并控制他人的人。修炼气场的过程，也就是一个自我塑造的过程。

电影《大城小事》中的王菲饰演的角色，一开始毫无魅力，所有人都把她当作是路人。可是她懂得去塑造自己，修炼自己的气场。她先在自己的形象上做足了文章，比如说穿上职业装，嘴角紧闭，表情坚毅，步伐利落，语言简洁，这时候周围人感受到的就是她的经理范儿了。同时她的个性很直接，这一切在别人的眼里看来都是有魔力的，观众也不免惊叹王菲的气场。就是因为这部戏，她还得了一个最佳配角奖。

而实际上，现实中的王菲，其气场更是无人能及。不管是惊艳的百变造型，还是我行我素、特立独行的行为，王菲潇洒不羁的性格和直言不讳的说话方式，使她成为主持界最害怕的访问对象。在王菲面前，即使是诸如吴宗宪、张菲之类的中国台湾综艺界的天王人物，也难免会感到紧张。可能有人会说他们是因为担心和王菲沟通不好才会紧张，其实，看过王菲的专场演出和专访的朋友都能看得出来，主持人的确特别紧张，因为他们都被王菲所散发出来的独特的气场所震慑、所折服。气场是一种由内而外自然散发出来的个人特质，是无法伪装出来的。王菲独特的气场就像一个能量巨大的小宇宙，使她的四周环绕着一种独具魅力的光环。因而即便是本色出演，她也能使她的角色拥有如她一般的气场。

王菲在影视上的成绩是意外的，而这个意外正是源自于她玩出了范儿，这个范儿就源自她本身的强大气场。

气场的源头就是自身的素质和修养，气场修炼的本质就是提高自己的素质和修养，修炼的过程也就是一个自我提升、自我塑造的过程。所以，要使自己的气场变强大，必须先让自己强大起来。要使自己强大，就必须做到自信、自重、沉稳、干练、少说、多做、乐观、从容、有度、有威、有谋、有守、有攻、有实力、有魅力。

首先必须自信。只有你自己相信自己，别人才会相信你。如果你对自己都没有信心，那么别人也会对你没有信心。对你的信任、尊重也就无从谈起，更不用说拥护和追随了。

其次必须自重。只有你自己看重自己，别人才会看重你。如果你不看重自己，那么别人也不会看重你。也就是说你必须自己把自己当个"人物"，这样别人才会把你当个"人物"。在这个问题上要避免两种极端。一是太不把自己当"人物"，过分地谦卑，这样别人会轻视你，认为你没有实力，没有能力，没有经验，没有影响力。这样的人，按道理说，是应当有着强大的内在的气场的，却因为未能很好地展示气场，而使气场收敛在内，不为人知，因而气场弱下来，最终让自己陷入平庸，一无所成。

有一个很有才华的女生，相貌出众，头脑精明，出色女性该具备的她都具备了，但她运气极差，找工作很难如人意。一直在一个小公司做不起眼的工作，别人都觉得她屈才，她自己也不明白为什么。论能力她确实具备，可惜她身上缺少的是气场，是一种不被人忽视而被人重视的能量。她无论上哪都容易被人忽略，是一个典型的被传统教育熏陶得相当乏味保守的人，气场都洶尽了，空有一身能力和本事，却无从发挥，最终沦入平庸之列。这就是把气场收敛得太过的例子。

还有一种是太把自己当个"人物"，自大自狂，自吹自擂，不可一世。而实际上却是草包一个，一无所能，或许一时之间可能会给人一种气场强大的感觉，但久之则明显后劲不足，难以为继，其气场就会明显地弱下来，反而让人觉得这样的人没有分寸，不懂规矩，不知道分量，不值得尊重。

有一个小伙子，口才和气场都很强，看着就不是一般人。这是个很虚荣、很浮华的人。爱吹牛，很会吹，吹得严丝合缝，他一直自称他是某著名运动的领袖之一（骗人的，同名而已），并且每次当着人面提及当领袖的经历他都能掉下眼泪，初识他的人都认为这是个落魄的曾经风光无限的××领袖。有一次因为打架被拘留，本该拘留7天，可当天警察就放了他，而且是当地派出所所长亲自开车送他回家。说起来很有意思，他这样描述的："我直接叫他们所长跟我说话，我说，我是当年××的××，那所长刚好对那些人物佩服得很，请我吃了饭，还开车送我回家。"这所长可能真就是被他的气场给镇住了，马上放了他，并亲自送他回家。但这个小伙子就是个大忽悠，气场强，却并没有真本事，什么都不会，最终还是走哪儿忽悠到哪儿的混子，没有什么出息。

可见，这两种气场营造法都不对，都没有能做到自重。有才有分量有内涵的人，不必自轻自贱，而应当不卑不亢，从容自如，气场自然会由内而外，全面发散，让人感受到你气场的威力；而过于自大自狂的人则一定要学会收敛，称量自己，明白自己的分量，谦虚谨慎，补己不足，则会让气场变得持久而强大。

再次要找准自己的位置。你是什么样的身份，什么样的角色，就做与之相符的言行，这样别人就会对你评价很高。在其位谋其政，不在其位不谋其政。在上位者不要考虑过细，在下位者多考虑执行。在领导面前你是下属，在下属面前你是领导，在同级中你是同事，在工作、应酬、社交中把握好自己的位置，言谈举止恰当适度，待人处事大方从容，才能游刃有余，被人认可。

最后要学会说话。人们观察一个人是听其言，这很重要，但关键的还是观其行。事情做得怎么样，说得再好，事情办得不怎么样，时间长了，别人就会觉得你这个人言过其实，没有真本事，从而否定你，疏离你，让你的气场减弱。

要注意在一般场合尤其是社交场合，一般不要谈自己，包括自己的人生观、爱好、理想、好恶、性格、做事做人方法等。这一点非常非常重要。

因为一个人的权威、影响、魅力、形象，其实都是“距离产生美，朦胧产生美”，如果你谈论太多的自己，那么别人与你之间迅速没有了距离，别人就会把你看得很清楚，就会让人觉得“你原来是这样的人，你也不过如此”，这样别人对你的敬畏之心、尊敬之心、敬佩之心便会迅速消失。这就是太过坦诚、心无城府的人，气场会明显低于别人的原因。如果必须谈自己，尽量轻描淡写地谈自己成功的经历，注意，这种经历指的是一种成功的客观的事实，即便你不谈，别人也可能会知道。失败的经历不要谈，这样人们只会轻视你。

切忌不要卖弄你的知识，不要在很多问题上显示你都有独到的见解，不要在很多问题上高谈阔论。这样做，要么让人生嫉或生厌，要么让人觉得你夸夸其谈，要么让人觉得你酸腐，要么让人觉得你不够成熟稳健，这样只会减少别人对你的尊重，甚至还会看轻你。

有些场合讲话不能太实在，有时候“套话”、“假话”是必需的。因为符合社会大众的、普世的、价值标准和行为准则是最不会出错的，也最能得到人们的承认和欢迎的。必要的时候要学会说“不”。当别人有无理要求或是你不能做到的要求时，你要勇于说“不”。别人做了对不起你的事，或者伤害了你的事，也应当有所表示，让他们知道他们这样做你很不高兴。当好人，但不能当软弱可欺的好人。这样的好人只会让自己被所有人忽视甚至欺负。适当地说“不”，表现出自己的原则和个性，让别人都知道，你也是一个“大写的人”，他们就不会再忽视你的存在，你的吸引力和影响力就上升了，气场也就强大了。

作为一个员工，需要时时修炼自己的气场，塑造自我，完善自我，靠自己的学习和领悟，去吸收职场正能量，提升自己的职业能力，增强自己的职业品德，不论是在办公室同事间，还是在客户面前，在家庭，都需要修炼自己的气场，让自己成为一个气场强大的人。当修炼到一定程度，你就能收放自如，纵情挥洒，使自己在任何地方任何场合都能有一种从容自如的气度，一种不怒自威的威望，你就会成为最有魅力的优秀员工，并成就自己的事业传奇，享受自己的成功人生。

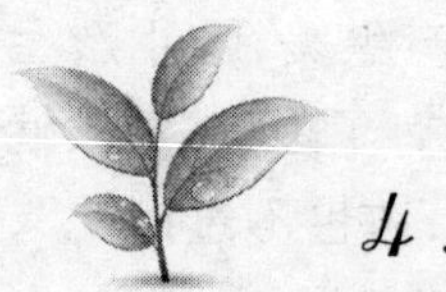

4. 修炼你的职业气场，让职场之路越走越畅

一个员工的职业气场到底有什么用呢?

想搞清楚这个问题，不妨来看看那些最没有气场的职场菜鸟在办公室里的窘态!

他们初进入公司后，碰见同事会紧张，遇见上司会胆怯，看见老板还会哆嗦，他们总是不够自信。他在办公室里不敢与人聊天，不敢大步走路，不敢挺直腰杆;与所有人说话都是低眉顺目的，也不敢与别人目光相对;开会时，他们的声音会像蚊子一样，下班时和同事或上司说拜拜时表现得很不自然;在强势强大的客户面前，总是不知道自己要干什么，小动作不断。没有人会认为他们能成为优秀的员工，更没有人认为他们是有魅力的员工。但是，这并不是职场菜鸟终身的宿命，要知道，很多有气场的职场达人都是从职场菜鸟一路进阶而上的。

也就是说，职业气场是靠自己在职场的磨炼和提升中练就而成的。一天天进步，你的气场也会一天天强大，而且你的职场之路肯定也会越来越顺。

在职场上，每一个人的气场都有强有弱，并不像工作业绩一样可以标准化衡量，但修炼合适的气场，绝对有助于你在职场活得顺心如意，处处顺利。当你的气场足够强大，不管你做什么样的工作，哪怕是当总统，也一样会游刃有余。

现任美国总统奥巴马，不仅是美国历史上第一位黑人总统，而且也是气场强大的总统之一。2009 年奥巴马在上海与中国学生的一次交流中，就可以窥见奥巴马的魅力。

2009 年 11 月 16 日，奥巴马在上海科技馆与复旦大学的学生们进行交流互动。与其他政治家不同的是，奥巴马并没有表现得过于严肃，而是用一句带有美国口音的上海话“谢谢侬”来和大家拉近距离，接着还在演讲中提到了姚明，整个气氛既庄严又轻松。这种气场，顿时吸引了大学生的目光，会场不时笑声阵阵。演讲结束后，奥巴马开始互动环节，这恰恰是他展现气场的最佳舞台。奥巴马特地绕场一周，与坐在前排的每一位学生听众握手致意。整个过程持续了10多分钟，再次把交流活动推向了高潮。

接下来，奥巴马的行为更让所有人都瞠目结舌：他自当主持，把话语权牢牢地握在自己手中。此前还没有见到哪一个国家的领导人在如此重要的场合自己当主持人，直接点名听众提问题。一下子，大学生们为奥巴马的气场折服了，掌声持续了数分钟之久。他用热情和鼓励的眼神扫视着四周，最后把目光锁定在复旦大学社会学系学生陈曦的位置上。这名学生热切的目光和跃跃欲试的神情早就吸引了他。他非常亲切地问起陈曦的名字，提醒把话筒给他用。本来第一个被点到名就有点紧张的陈曦，一下子轻松起来。学生们热烈地与奥巴马讨论各种问题，奥巴马机智诙谐的谈吐，平易近人的风度，使他在中国年轻学子心中的魅力也增强了不少。

实际上，早在奥巴马刚刚参加总统选举时，就有人直呼他为“魅力仅见”的“参选总统”。这位极具绅士风度的黑人领袖，气场强大得不行。只要他出现，就是万众瞩目的焦点。无论是在国会阐述政治方针，还是在国外演讲，都会赢得无数的掌声和欢呼声。只要奥巴马在台上振臂一挥，台下随即就给予强烈的反响，他的气场确实无人能及。当他出现的时候，不论是眼神，还是气质，都有一股“霸气”。尤其是在演讲中，他能够充分调动现场的气氛，每次都能让听者激昂。他的气场，似乎有着催眠和传教的功能，让人如痴如醉，欲罢不能。不管面对多少人的演讲，他都能够让每一个人都感受到奥巴马是在对他一个人说。这样的气场，自然让所有听众都感同身受，更让他展现出了独一无二的魅力。有礼仪专家这样评价奥巴马：他的笑，有着十足的魅力，走到哪里他都能够成为焦点；他的身上有泰格·伍兹式的跨文化魅力，也有肯尼迪式的年轻魔力；他是一位有着明星气质的领袖，成熟稳重，时而又流露出俏皮和幽默；他的一举一动都吸引着人们的眼球……气场制胜，这是奥巴马赢得民众选票的关键要素。正是以他无与伦比的气场和无从抗拒的魅力，轻易地征服了三亿美国人，他们衷心地拥护成就了奥巴马的人生传奇。这就是奥巴马气场的威力，也是他能够成为美国总统的武器，更是他成为人人喜爱的“明星总统”的筹码！

气场强大，人人追捧，你的事业也就必然处处顺心。这是许多成功人士的成功定律，在职场更是如此。不管做什么事情，都需要气场作底。有气场才有底气，有气场才有机会，有气场也才有能力。只有气场具备了，才会有万事了然于胸的气定神闲。但是职业气场的“度”至关重要。过强，难免招人指责和嫉恨；太弱，就会沦为被办公室忽略的配角，职场地位自然就无从谈起。所以，修炼自己合适的气场，才是关键所在。

在职场，一个人的气场主要由以下几方面来组成：

(1)外表和形象。一个人的气场，首先来自于他们的外表。那些相貌堂堂、打扮不俗的人，总是首先能传导给别人一种居高临下的印象，让人不敢轻视他们。这就是他们强于别人的气场。

(2)表达能力。也许你有很不错的想法，但是，如果不把它说出来，又有谁会知道呢？又有谁会赞同呢？所以，流畅的表达能力是你在职场表现自己、强大气场的秘诀。

(3)聆听技巧。这个我们后面会专门说到。会说，更需要会听，甚至比会说更有利于你的气场塑造。

(4)说服技能。这是一项鼓励人们接受你的领导或采纳你的意见的技巧。一个无论多么正确的观点，如果不被认同、采纳，也无济于事。当在办公室或是谈判桌上，你能顺利地说服别人，不仅会让你的工作顺利进行，而且更能体现出你高人一着的能力，增强你的气场。

(5)适应他人的能力。人是社会的人，职场就是一个小社会。没有人能离群索居，独自行走职场。所以，作为员工，不与人交流、交往是不可能的，不了解他人的风格，却又想与之交往，这是不可能的。所以，为了建立良好的人际关系，要努力提高你的行为的适应性。

(6)自我主见。职场上需要见风使舵，但永远随风而动、没有自己的主见，只会唯唯诺诺的人是不可能有强大的气场、走上领导岗位的，那样的员工永远只是被人支使的小员工，被人忽视的小角色。只有那些有自己的主见、并且有胆识、有正确方向的人，才能真正树立起自己的强大气场，让自己成为职场上最耀眼的明星。

作为一个员工，怎样才能做到这些呢？学习是必不可少的途径。虽然说每一个人的气场各不相同，有的人天生就具有很强的气场，但想要自己的气场更强，学习和锻炼都是必不可少的。在平时的工作和生活中，要注意做到耳到，眼到，心到，时时处处记得修炼自己，提高自己，才能打造自己的强大气场，让自己的职场之路越走越畅。

所谓耳到，指的是善于倾听。很多人都以为，只要以自己为中心，展示自己良好的口才，滔滔不绝地说，就能表现出自己强大的气场。这其实并不全对。不错，能说会道的人会比别人能搭建起更强大的气场来。但真正气场足、善于修炼自己的气场的人，他们不仅会说，更善于倾听。虽然他们只是听，并不多说，更不会随便插嘴，但他们的气场一点儿也不输于那些滔滔不绝的人。

气场强大的倾听者往往能够体现出许多良好的素质。他有一颗精细的心，能够体察别人的感情；他富于同情，能乐人之乐、忧人之忧；他有深厚的涵养，能体谅别人的难处，宽恕别人的错误，容忍别人的缺点；他有良好的耐性，能够长时间地听取别人零乱、不成熟，甚至是语无伦次、前后矛盾的意见。他还具有发掘和吸收别人观点的热忱和能力，当别人因有顾虑而欲言又止的时候，他能诚恳而友善地鼓励他人讲下去；而别人偶尔说出有趣的话时，他就发出会心的笑；当别人讲出一些不错的道理时，他就连连点头；当别人试图说出一些难以表达的思想时，他就会凝神细听，并且不时就没有听清楚的问题向别人请教；当别人的讲话告一段落时，他就把别人所讲的内容整理得条理清楚，并加以吸收。由于有以上的良好素质，高明的谈话者往往能深刻细致地了解各式各样的人。他的语言，往往可以非常有效地打动人的心坎。这样，无论什么人见到他，都愿意把他当作知心朋友，愿意向他吐露自己的心事，把藏在自己心中的剧烈的痛苦、烦恼都向他倾吐出来，希望得到他的同情、安慰和帮助。而且在倾听的过程中，他们还能学习到别人的经验、教训、知识和技能，让自己的气场更足。

所谓“三人行，必有我师”，好的老板，出色的同事，优秀的客户，他们的经验、优点、他们的风度仪表、为人原则、处世态度，都值得学习。善于倾听的人在听的过程中会把他人的精华全部学了去，他的职场能力便得到了提升，他的气场必然也会越来越足，职场之路也会越来越顺。

眼到，指的是善于观察和学习。气场每个人都有，但却并非完全是天生的，后天的修炼和培养无比重要。要提升自己的职业气场，就要学会眼明手快，不断学习。以市场营销来说，不管是看报纸还是看电视，或者是在路上，处处充斥的广告和商场里的促销活动，无一不是学习的对象，如果仔细观察，再细想其中的利弊得失，无异于从成百上千的营销专家那里充上了电。长此以往，一切技巧都烂熟于心，一切能力都悄然提升，不论是形象、口才还是技巧，都无人能及，还有谁是你的敌手？还有谁的风头比你更足，气场比你更强？

心到，是最重要也是最关键的一点，却也是最最难做到的一点。不管什么事，其实都需要用心才能做好。用心才能坚持不懈，用心才能认真专注，用心才能想尽办法，用心才能细致入微，用心才能真切地领悟和感受到别人的强大气场，并善于追溯这种强大气场的来源，并从这种源头中吸取经验和智慧，用心学习，从而塑造自己的强大气场。

气场是需要自己努力去修炼的，它绝对不是与生俱来的。它不是一朝一夕就能够培养出来的，它是以丰富的职业经验、生活经验以及对人性的洞察为基础，自然而然滋生出来附着在职场人士的气质内的，这种气场一旦养成，受益终生。它会使你的职场之路越走越顺畅，越走越宽阔，并最终抵达你理想的彼岸，获得丰厚的奖赏。

第二章

锤炼内心，让职业气场由内向外

内心的锤炼是气场修炼的依托。内心不强大，气场也不可能强大。所有的行当里，你要让自己成为最优秀的员工，必须先让自己有一颗强大的内心。用自信、乐观、希望和宽容来辅助自己锤炼内心，让职业气场一点一点地从内心开始积蓄，并由内而外焕发出来，你就会成为最优秀的员工。

1.

自信心，强大气场的“源头活水”

自信是成功的第一秘诀，更是强大气场最大的源头。古往今来，那些气场强大的伟大的人物在其生活和事业的旅途中，无不是都以超强的自信为先导。

被称为欧洲战神的拿破仑，就是一个非常自信的人。当然，这种自信也造就了他强大的气场。这种气场使拿破仑的威信无人能及。他曾经被流放到一座小岛上，逃出来后，法国国王派大军去捉拿他，随从都劝他快跑，拿破仑却说：“跑什么，我是他们的元帅，他们是我的士兵，为什么要跑呢？”拿破仑迎着捉拿他的军队走过去，仍然以元帅的气度指挥他们，士兵们被他的气势所慑服，结果士兵们反而跟他回去捉国王了。拿破仑曾宣称：“在我的字典中，没有不可能这个字眼。”这是何等豪迈的自信。正是因为他的这种自信，激起了他无比的智慧和巨大的能力，使他的气场无人能及，不仅成为横扫欧洲的一代名将，也成为法国的皇帝。

毛泽东早年曾写下“自信人生二百年，会当击水三千里”的诗句明志，当中国革命处于低潮时，毛泽东坚信“星星之火，可以燎原”。正是因为这份对自己、对民族、对未来的自信，毛泽东才带领中国人民击败一个又一个敌人，克服一个又一个难关，建立了新中国，让亿万人民得到了解放。也使得毛泽东成为亿万人民心目中的“大救星”，成为光芒万丈的导师和领袖，其气场更是影响到了全世界。

有人问美国石油大王洛克菲勒："洛克菲勒先生，假使你的财富一个晚上化为乌有，您会怎么办？"洛克菲勒自信地笑着说："给我10年的时间，照样再创造一个洛克菲勒帝国！"这种自信成就了洛克菲勒的石油王国。

有史以来，没有什么伟大的事业不是因为自信和热忱而成功，也没有一个伟大人物缺乏自信。自信是一种催化剂，能激发一个人内心的潜能，并产生极大的热忱和力量，使自已的气场猛增，让自己无往而不胜。自信是成功的第一秘诀，也是气场的源头活水。相信自已能行，便会攻无不克，战无不胜。因为自信，毛遂脱颖而出；因为自信，布鲁诺视死如归；因为自信，比尔·盖茨弃学从商；因为自信，关云长单刀赴会，发出了"任它曹营千万兵，还看我青龙偃月刀"的豪言壮语。因为自信，他们的身上才会焕发出一种强大的气场，成为万众瞩目的中心！

一个人的气场，正是源自内心的自信。哲学家克劳蒂娅说："自信对一个人一生的发展所起的作用，无论是在智力上，还是在体力上，或是处世能力上，都有着基石性的作用，一个缺乏信心的人，便缺乏在各种能力发展上的主动积极性。"自信是一支火把，它能最大限度地燃烧一个人的潜能，指引他飞向梦想中的天堂。

对于迈克尔·乔丹的童年来说，世界上除了亲情，再也没有比钱更重要的东西了。

他出生于布鲁克林的贫民区，从出生之日起就一直在贫穷与歧视的环境中生活。残酷的生存环境使他很早就明白了一个道理：如果手中可以有10美元，那么就能过上几天可以吃饱饭的日子。

有一天，父亲突然拿着一件旧衣服问他："你看这件衣服能值多少钱？"他接过衣服仔细看了看，这件衣服实在太旧，于是就老实地回答父亲："最多只能卖1美元。"父亲看着他，用试探的口气说："那么，你能尝试着把它卖2美元吗？要知道，如果可以多卖1美元，我们全家今天就可以有一顿丰盛的晚餐了。"

乔丹想对父亲说:只有傻子才会买。可是看到父亲那满是渴求的眼神,他把刚到嘴边的话又咽了回去。“那好吧,我试试,但是我不敢保证可以卖得掉。”

他把那件旧衣服很小心地清洗干净,然后带到一个人流量密集的地铁站进行兜售。面对熙来攘往的人群,他在心里开始退缩:就这么一件旧衣服,会有人愿意出2美元买吗?它可真是太旧了,要是能再新点,没准儿就有人买了!

虽然心里面没有一点信心,可是他还是得硬着头皮叫卖,是父亲那满是渴求的眼神给了他站在那里的勇气。

让他感到意外的是,六个小时之后,那件旧衣服真的被卖出去了。这个意外让他惊喜不已,当他紧紧攥着那2美元跑回家的时候,他忽然发现,自己心里的某一个地方已经被打开了一道缝隙,那是自信的大门。

从这以后,他每天都会从垃圾堆里捡出旧衣服,洗干净然后再卖出去。他觉得自己已经有信心把这些衣服卖到2美元一件,已经很了不起了。但是没过多久,父亲却又给他出了一个难题。

父亲又拿出一件旧衣服,对他说:“你再想想办法,把这件衣服卖到20美元。”“20美元?这怎么可能?”乔丹一下子跳了起来:“我做了很大努力才可以把一件旧衣服卖到2美元,怎么可能一下子卖到20美元?除非有人疯了才肯买!”

“你为什么不试试呢?上一次卖那件衣服的时候,你也同样没有自信。为什么不改变一下呢,也许你能做得更好!”

乔丹一怔:是啊,为什么自己不变得更有自信一些呢?既然我能把一件旧衣服卖到2美元,也可以把它卖到20美元!他觉得自己充满了信心,一定可以完成这项看似不可能的任务。

经过考虑,他想了一个好办法,请学画画的表哥在这件衣服上画了一只可爱的唐老鸭和一只漂亮的米老鼠。于是,这件衣服摇身一变,成为了孩子们喜欢的卡通图案衣服。他把这件衣服拿到一个贵族学校的门口兜售,不大一会儿,就成功地卖了出去。

他挣得了20美元。

很快父亲给他出了第三个难题：让他把另外一件旧衣服卖到200美元。这次乔丹没有任何的犹豫，痛快地接过了衣服。他相信自己，一定可以！

机会是在两个月之后到来的。当红电影《霹雳娇娃》的女主演拉佛西来到了纽约。在记者招待会结束时，乔丹凭借身体的灵活，躲开了保安的注意，跑到了拉佛西的身边。“拉佛西小姐，你能为我在这件衣服上签个名吗？”乔丹微笑着问。

拉佛西看着乔丹那双充满自信的眼睛，善意地微笑起来：“当然可以。”

于是，乔丹有了一件明星拉佛西小姐亲笔签名的运动衫。他拿着这件运动衫在狂热的影迷中叫卖，最后居然被一个商人以高达1200美元的价格给买走了。他再一次成功！

回到家，一家人开始狂欢起来。父亲走过去拍拍乔丹的肩膀，对他说：“儿子，从这三次卖衣服的过程中，你学到了什么？”

乔丹看着父亲的眼睛，认真地说：“自信比金子更重要。只要有足够的自信，金子永远只能是附属品。只要有足够的自信，我就可以主宰自己的命运，变一切不可能为可能！谢谢您，爸爸！是您启发了我！”

一个足够自信的人，无论身处怎样的逆境，都一样可以坚定地走向成功。

什么是自信？自信就是相信自己，信任自己，坚定地认为自己能行，自己可以，自己没问题的一种心态。可别小看这种心态，这种心态在很多时候都有着令人惊叹的神奇力量。这种力量足以让我们不向任何权威低头，不被任何挫折屈服，这种力量让我们坚持自己的方向，坚守自己的理想，而且我们会在这种坚守中为自己营造更加强大的气场，并让自己走向成功。

小泽征尔是世界著名的音乐指挥家，一次他参加指挥大赛，决赛时，有人交给他一张乐谱，小泽征尔稍做准备便全神贯注地指挥起来。

突然，他发现乐曲中出现了一点不和谐，开始他以为是演奏错了，就指挥乐队停下来重奏，但仍觉得不自然，他感到乐谱确实有问题。可是，评委会权威人士都声明乐谱不会有问题，是他的错。面对几百名国际音乐界权威，他不免对自己的判断动摇了。

但是，他考虑再三，坚信自己的判断是正确的。于是，他大声说："不！一定是乐谱错了！"他的声音刚落，评判席上那些评委们立即站起来，向他报以热烈的掌声，祝贺他大赛夺魁。

原来，这是评委们精心设计的一个圈套，以试探指挥家们在发现权威人士不承认的情况下，是否能够坚持自己的判断，因为，只有具备这种素质的人，才真正称得上是世界一流音乐指挥家。在三名选手中，只有小泽征尔相信自己而不附和权威们的意见，从而获得了这次世界音乐指挥家大赛的桂冠。

自信是照耀成功的明灯。成大事者总是能走好明灯照亮的路。因为自信，他们会比别人更早、更容易地找到成功的钥匙。自信就成了他们成就大事的催化剂。

一个员工要想变得更加优秀，就应该先学会自信，因为自信是强大气场的"源头活水"，一个缺乏自信心的人，是说不上有什么气场的，只有那些信心满满、自信爆棚的人，其气场才会由内自外，强大逼人。因而他们做任何事情，都能有强大的感染力，使事情变得更加容易。

尼·杰尔德是法国最优秀的推销员，他曾说过："信心是推销人员最重要的资产。"尼·杰尔德在推销领域很有威望，很多向他购买商品的客户都被他的个人气场所吸引，他强大的自信心让客户觉着他十分可靠，也很愿意接受他的推销。

尼·杰尔德在培养自己的下属的时候这样说道："推销员的作用是将好的商品介绍给有需要的客户，这职业是光荣和独特的。只要我们对产品和自己有足够的信心，就要昂首挺胸地面对每一个客户。我们是优秀的推销人员，要随时相信自己所推销的商品都是客户最需要的。推销绝对不是一份低声下气的工作，相反，它就是一件极有意义的工作。我们的推销让更多人用上了他们曾经不太了解的商品，我们给他们的生活带来了更多的可能性。”

尼·杰尔德也是这么做的，有一次，他向一位大客户推销。这个过程中，那位大客户显然对他的推销有很大的排斥，场面显得十分尴尬。尼·杰尔德始终满怀着信心，脸上满是笑容，他强调了好几次自己是一名推销员，他还对大客户说道：“也许你曾经被某个推销员的行为打扰过，你对某些推销员有过不好的印象，但是我还必须要在你面前强调我是一个推销员，我的工作就是把我手头上的好东西推荐给您，希望您看一看再考虑回绝我。我承认我并没有您那么有魅力，长得也不帅，但是我相信我手里的产品会引起您极大的兴趣。”

那位大客户被尼·杰尔德的自信感染了，脸上的不耐烦情绪也消融了一些，他接过尼·杰尔德手里的产品，一边认真地看着一边听着尼·杰尔德的介绍。慢慢地，这位大客户也觉着自己很有必要进购一批这样的产品，因为尼·杰尔德介绍的某些产品的用途确实是自己所需要的，最后，他果然订下了一大笔的单子。

自信心是非常重要的，要先对自己有高度的认可，才能得到别人的认可。相信自己，才有可能让别人成为你工作上的支持者。工作上长期保持一份自信心，员工的身上就会有一种特殊的职业气场，这种气场能为他的工作服务，也就能给他带来更多工作上的荣誉。不论是什么样的职业，员工要想在职场上成为佼佼者，就应该具备足够的自信心，对自己的能力抱有高度的认可感，同时还要以自己的工作为荣，不能一开始就对自己的工作有排斥感，当然也不能对自己的能力有所怀疑，放手去工作，才有可能亮出自己的职业光芒。

比如，你在办公室里想要引起周围人的注意，你就必须表现出足够的自信。老板在安排活儿，你就要为自己争取机会，从老板手里去要活儿，这个活儿即便你做不出来也不要紧，你还可以向你的同事、同学或是朋友请求帮助，但是你在上司面前的那份自信心的表露才是最重要的。你如果总能够积极地为自己争取工作上的机会，时间一长，你就自然在别人心目中变成能力极强的人，而你的每一次的表现都能让身边人感觉你的气场，这就是你在工作上的自信心滋生出来的强大气场。紧接着，更多的人就会向你请教问题，因为你的自信已经让你取得了很多的成功经验，这些经验能帮助到他们，有很多人希望从你身上获得解决问题的办法，这就标志着你的气场已经足以吸引很多人往你身边靠拢，你此刻就已经是很多人心目中最优秀的员工了。

信心的力量就是能够让气场逐渐强大的“源头活水”，凡是能找到这种力量的人，总是可以不断提升自己的气场高度。相反，没有信心这种内在的精神，人的气场就如同没有了基石，弱不禁风。所以，要修炼自己的职业气场，就一定要先修炼自己的内心，让自己的信心爆棚，才能让气场强大。因为自信是气场的源头活水，是成功的第一秘诀。

2. 乐观，积极上进的气场原动力

真正的乐观心态是一种鞭策自己、战胜自己的心理素质。拥有乐观心态，就能以幽默的眼光看待不愉快的事情，以轻轻一笑缓释痛苦，在逆境中找到出路。这样的人，即便再落魄，再失意，哪怕陷入再深的困境中，其气场依然强大，他身上依然会有一种别人难以企及甚至足以感染他人的力量，并且正是这种力量，支持他度过危机，重塑未来，收获成功。这就是为什么总是那些乐观积极的人更有气场的原因。因为乐观的人在每一次困难中都能看到一个机会，而消极的人面对再好的机会也只能看到那些让自己头痛的“危险”。一个成功者的首要标志就是他的乐观心态。乐观展现的就是一个人的内心，它是一种高贵的符号，代表了一个人面对不利的处境时可以达到的境界。

美国2008年发生的经济危机一点也不亚于1929年那次惊天噩梦，股市跌得很惨，经历了所谓的黑色星期五，亚洲股市的黑色一周，所有人都在哭的时候，却唯有一个人在昂首微笑，那就是荣登世界首富宝座的股神沃伦·巴菲特。2008年金融危机最严重时，美国财经杂志《福布斯》公布了“美国富豪四百强榜”，巴菲特个人净资产在33天内增加了80亿美元，重新登上首富宝座，他打破了比尔·盖茨保持了15年的首富纪录。

微笑，乐观，无论现状多么糟糕，都对明天保持积极的心态，这就是巴菲特的成功秘诀。在他身上有一种乐观的气场，他总是能够在垃圾堆中发现金子，就像他当年收购《华盛顿邮报》、决定投资吉列剃须刀时一样。

越是乐观的人，气场越强，他面对困难时就越从容自如，因而他也就更容易地击败困难，获得自己想要的一切。真正的乐观心态，其实与外在无关，它更多的是源自于内心，源自于对自己的自我肯定。这种自我肯定，正是许多看起来并不出众但成就却出奇出色的人之所以出色的根本原因。

黄美廉，一个从小就得了脑性麻痹的残疾者。脑性麻痹夺去了她肢体的平衡感，也夺走了她发声讲话的能力。从小她就活在诸多肢体不便及众多异样的眼光中，她的成长充满了血泪。

然而这些外在的痛苦并没有击败她内在奋斗的精神，她昂然面对，迎向所有一切的不可能，终于获得了加州大学艺术博士学位。她用她的手当画笔，以色彩告诉人“寰宇之力与美”，并且灿烂地“活出生命的色彩”。

站在台上，她不时地挥舞着她的双手；仰着头，脖子伸得好长好长，与她尖尖的下巴扯成一条直线；她的嘴张着，眼睛眯成一条线，扭曲地看着台下的学生；偶尔她的口中也会咿咿唔唔的，不知在说些什么。基本上她是一个不会说话的人，但是，她的听力很好，只要你猜中或说出她的意见，她就会乐得大叫一声，伸出右手，用两个指头指着你，或者拍着手，歪歪斜斜地向你走来，送给你一张用她的画制作的明信片。

“黄博士，”一个学生问她，“你从小就长成这个样子，请问你怎么看你自己？你都没有怨恨吗？”

“我怎么看自己？”美廉用粉笔在黑板上重重地写下这几个字，很深很重，用力透纸背的气势写完这个问题，她停下笔来，歪着头，回头看着发问的同学，然后嫣然一笑，回过头来，在黑板上龙飞凤舞地写了起来：

1.我好可爱！

2.我的腿很长很美！

3.爸爸妈妈这么爱我！

4.上帝这么爱我！

5.我会画画！我会写稿！

6.我有只可爱的猫！

7.还有……

8.……

所有听到她这么说的人都沉默了，都被她的这种昂扬乐观的态度所打动，都被她因为乐观而散发出来的气场所折服。面对众人的沉默，她在黑板上写下了她的结论：“我只看我所有的，不看我所没有的。”

人生如同一艘在大海中航行的帆船，掌握帆船航向与命运的舵手便是自己。有的帆船能够乘风破浪、逆水行舟，而有的却禁不起风浪的考验，过早地离开了大海，或是被大海无情地吞噬。之所以会有如此大的差别，不在别的，而是因为舵手对待生活的态度不同。前者被乐观所主宰，即使在浪尖上也不忘微笑；后者是悲观的信徒，即使一点风浪也会让他们胆战心惊。只有保持乐观的态度，抛弃悲观的心态，拥抱积极，摒弃消极，才能真正拥抱成功，得到自己想要的一切。

作为员工，每天面对同样的工作同样的环境同样的同事，难免会有枯燥和厌烦的情绪，久而久之甚至会产生职业倦怠，厌恶自己的工作，厌恶自己的一切，心灰意懒，消极悲观起来。这时的你，毋庸赘言，气场一定会大大减弱，你的影响力、号召力、感染力和领导力都会大大减弱，这样于你的工作、于你的事业肯定是大大不利的。

当一个员工容易陷入消极情绪的时候，气场必然就会变得不稳定，这不但让自己变得萎靡，也会让身边人感到不舒服，时间一长，工作能力必然下降，身边的人也不太愿意接近你，更不愿意帮助你做好工作了。若是总能保持积极乐观，你的气场就会越来越充足，你就努力地去做好工作，即便这个工作很棘手，失败的阴霾也不能干扰你，同时还会有很多人愿意走近你并且与你合作，你就会在自己的岗位上越来越成功。

有这样一个人，上帝让他相貌丑陋，身高只有1.53米，并且在他三四十岁的时候才开始做推销保险的工作。他在当保险推销员的前半年中，没有为所在的公司拉来一份保单。他没钱吃饭，就去吃专供流浪者吃的剩饭；他没钱坐车，只好步行前往他要去的地方；他没钱租房，就睡在公园的长椅上。上帝在给他苦难的同时，也给了他另一种财富，那就是自信乐观。他从来不觉得他是个失败的人，至少从表面上没有人觉得他是个失败者。每当清晨从公园长椅上"起床"，他就向每一个他所碰到的人微笑，不管对方是否在意或者回报他的微笑，他都不在乎，而且他的微笑永远是那样的由衷和真诚，看上去是那么充满信心、精神抖擞。他就是原一平，日本迄今为止签下保单金额最多的保险推销员，他的微笑被称为"全日本最自信的微笑"、"值百万美元的笑容"。在原一平的办公室里，挂着一个小告示，他每天都可以看到告示上面写着："我看见一个人脸上没有微笑，所以我给了他一个微笑。"他正是以他的这份乐观和自信、快乐和真诚，使矮小的他浑身散发出独特的气场，并因此征服了万千客户，成为日本最著名的保险推销员。

一个职业人士就是需要这样的一份乐观来让身边的人感受到他特殊的职业气场，慢慢地，他的气场就会越来越强，就会有更多的人信任他，愿意成为他职业发展中的一个助手。保持乐观，是积极上进的气场原动力，能让职业人士具备更强的精气神来处理工作上的事,久而久之,他的能力就会有很大的升跃,他就会成为行业内的精英。

3.

雄心勃勃,高远的目标锻造出超然的气场

古语云:“欲求其上上,而得其上;欲求其上,而得其中;欲求其中,而得其下。”没有高远的目标,是难以取得大成就的。只有那些雄心勃勃、目标高远的人,才能收获人生的大成功。正如哲学家埃德蒙·伯克说的那样:“有雄心的人一定会翱翔的。”高远的目标正是成功的开始。

哈佛大学曾对一群智力、学历、环境等客观条件都差不多的年轻人,做过一个长达25年的跟踪调查,调查内容为规划人生的影响,结果发现:

——87%的人,人生目标模糊,或者没有自己的目标和人生规划。

——10%的人,有清晰但比较短期的人生目标和规划。

——3%的人,有清晰且长期的人生目标和规划。25年后,这些调查对象的生活状况如下:

3%的有清晰且长远人生目标和规划的人,25年来几乎都不曾更改过自己的人生目标,并且为实现目标做着不懈的努力。25年后,他们几乎都成了社会各界顶尖的成功人士,他们中不乏白手创业者、行业领袖和社会精英。

10%的有清晰短期人生目标和规划者,大都生活在社会的中上层。他们的共同特征是:那些短期人生规划不断得以实现,生活水平稳步上升,成为各行各业不可或缺的专业人士,如医生、律师、工程师、高级主管等。

在另外的87%人生规划模糊的人中，几乎都生活在社会的中下层，能安稳地工作与生活，但都没有什么特别的成绩。

那些没有目标和规划的人，几乎都生活在社会的最底层，生活状况不如意，经常处于失业状态。

调查者因此得出一个结论：目标对人生有巨大的导向性作用。成功，在一开始仅仅是一种选择，你选择什么样的人生目标，就会有什么样的人生。

成功学大师戴尔·卡耐基说："目标是成功的起点，是成功者的指南针！"世界潜能巨匠博恩崔西也说："成功即是目标，其他都是这句话的注。"可见，人生奋斗的第一步无疑是为自己找到一个明确的目标。因为有目标才能有成功，有目标才能让我们的努力有方向，才能让我们在努力的过程中不走弯路，才能保证我们一直沿着梦想的方向前进！

想在职业上面取得成功，没有一点雄心是不行的。有雄心的员工，就会有足够的精神力量指导他去攫取更多的工作资源，就能在这些资源中锻炼好自己的工作能力，并最终成功。没有雄心的人在职场上是打不起精神的，这些人对自己的职业前途的自我期望从来都是低的，也是很容易实现的，所以就会懈怠自己，在岗位上混日子。

一个雄心勃勃的人，不仅是一个自信自重、意志坚强的人，而且也肯定是一个乐观积极、百折不挠的人。这样的人，站在哪里都会有超强的气场。

成功最需要的就是雄心，有雄心才有高远的目标，有目标才会有前行的方向，有前进的方向才能指引我们一步步走向成功。

蒙迪·罗伯特是美国犹他州一所中学的学生，他出身贫寒，但性格乐观向上。

一天，老师比尔·克利亚给大家布置了一份作业，要求孩子们以自己的理想为题，写一篇作文。

蒙迪·罗伯特回家后，兴高采烈地开始构建自己的梦想。

他把自己梦想拥有的牧马场描述得很详尽，甚至画下了一幅占地 8000 平方米的牧马场示意图,有马厩、跑道和种植园,还有房屋建筑和室内平面设计图。

第二天,他兴冲冲地将这份作业交给了克利亚老师。然而作业批回的时候,蒙迪·罗伯特伤心地看到:老师在第一页的右上角打了个大大的:"F(差)。"

蒙迪·罗伯特觉得自己的功课完成得很出色,他想不通为什么只得了个"F"。下课后蒙迪去找老师询问原因。

克利亚老师认真地说:"蒙迪,我承认你的这份作业做得很认真,但是你的理想离现实太远,太不切实际了。要知道你父亲只是一个普通的驯马师,你们连固定的家都没有,经常搬迁,什么资本都没有,而要想拥有一个牧马场,得花费很多的钱,你能有那么多的钱吗?"

克利亚老师最后说:"如果你愿重新做这份作业,确定一个现实一点的目标,我可以考虑重新给你打分。"

蒙迪拿回自己的作业,去征求了父亲的意见。父亲摸摸儿子的头说:"孩子,你自己拿主意吧,不过,你得慎重,这个决定对你来说很重要!"蒙迪考虑了一晚上,决定坚持自己的梦想,即使老师给的成绩是"F"。

在多年后一个明媚的春天,克利亚老师带着他的 30 名学生参观了一个占地 8000 多平方米的牧马场。当登上一座面积达 4000 平方米的建筑时,他发现,牧马场的主人就是曾经被他评价为梦想太不切实际的蒙迪。

目标和梦想就是成功的方向。不要担心你的目标不切实际,越是高远的目标越能激发出我们的激情和热忱,越能把我们引向成功的峰顶。

有雄心的员工,是不会在工作上草率轻浮的,他们会静下心来做好每一件事,这也是在为自己做好下一件事打好经验的基础。他们也不会满足于现状,总以高标准要求自己,他们所追求的是更高层面的成功。在职业的竞技场中,无论你从事什么样的职业,你都必须要先确立一个好的目标来让自己走上正确的道路,你的目标越高越好,你的职业前景就会越来越明朗。

李明一直就想成为大富翁，他想让很多人羡慕他的财富。也许是出自穷苦人家，他的这个愿望要比一般人更加强烈。李明毕业之后就选择了跨专业的工作，他去了当地有名的房地产公司做起了销售，他认为销售行业是最可能在短时间内挣大钱的。

在培训期间，他努力地学习，一有问题就会问身边的人或培训老师，即便对方表现出不耐烦，他还是会去问，他觉着要想实现自己的雄心就得吃下这个苦。然而，工作上的困难要比培训大得多，他工作的第一个月就遭到了很多客户的冷眼冷色，而且他一笔单子也没有签成。

李明渴望成为这个行业的大师，只有如此他才会挣最多的钱，他不会被这些挫折所打败。他收集到了一个大客户的信息，该客户要将自己的公司从外地搬来，需要买下一处三层的写字楼，这笔单子对于任何一个销售员来说都是极具诱惑力的。因此，很多行业内的人都想签下这笔单子，李明更想，他为了占上先机，就主动去了这位客户所在的酒店，敲响了客户的房门。这位大客户一看见李明就表露出了一种不耐烦的情绪，可李明并没有放在心上，他装着很轻松地跟对方说明了自己的来意，并递上了自己的名片，这位大客户接过名片后就立刻狠狠地关上了门。

李明不会这么轻易放弃，第二天他又敲响了该客户的房门，他又一次吃了闭门羹。李明的“三番五次”的敲门彻底地打破了这位大客户的心理防线，可能是为了要个清静，这位大客户终于肯听李明的介绍了，李明早就做好了充足的功课，他的“滔滔不绝”让客户动了心。为了真正地抓住这个客户，李明主动将自己的那部分提成舍弃，以更便宜的价格让客户签了单。李明成功了，这一次他没有赚多少钱，但这个单子却为他的老板挣鼓了腰包，老板破格提拔他为公司一个分部的店长。

李明的雄心不仅限于此，他在店长的位置上更加地卖力了，他不但花足够多的时间在手头既有的客户资源上，他还利用各种新闻媒体渠道来为自己寻找新的客户资源，短短两个月，他手头上就有了100多位极具价值的新客户。李明从店长又升到了区域经理，紧接着就是经理，直到现在他成为了该房产公司的总经理兼培训董事，他现在在房地产行业的名声响当当，他现在一年也能挣上千万财富了。

职业人员要有高远的目标，这样他们才不会停留在小的成功上。员工的优秀是靠更多的努力去完成的，并不是凭着几个小的成功就能实现职业上的卓越。要敢想，还要敢拼，敢拼不是拼个一两次得到好处就可以停止了，敢拼是要拼很多次，在每一次的磨砺中坚韧自我，不断增强自己的职业气场来面对下一次的“拼”，最后，等磨出了厚“茧”，就是真的强大了，因为职业的超然气场已经练成。

总而言之，雄心勃勃的你一定要为自己确定一个高远的目标，它会给你带来最大的业绩，会让你的职业生涯因此而大放异彩。同时有了这份雄心，你才会竭尽全力地去实现这个目标，登上职业上的高峰你就修炼出超然的职业气场了。

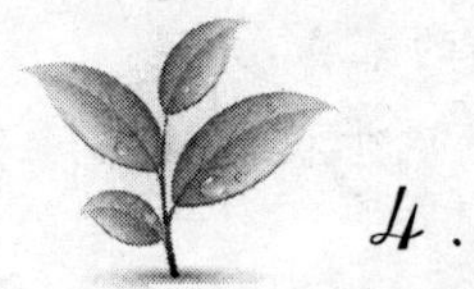

4. 始终心怀希望，让自己成为一个小太阳

金斯莱说：“生活中需要希望，没有希望，生活将无法继续；学习中需要希望，没有希望，学习将毫无乐趣；成功需要希望，没有希望，我们面临的只有失败与挫折；人生需要希望，没有希望，生命将如一口枯井，了无生趣。”

职场中，每个人都要心怀希望，没有希望又怎么会有力量去锻炼自己的职业能力？始终心怀希望，让自己成为一个小太阳，照亮自己的职场，也让周围所有的人都感受到你的光亮、体会到你的气场。

那些始终心怀希望、从不绝望、走到哪里都像一颗“小太阳”、带给别人光和温暖的人，气场一定足够强大，成功也一定非同凡响。比如一手打造了阿里巴巴商业帝国的马云，就是这样一个气场强大的“小太阳”。

马云其貌不扬、身材矮小，但他身上的气场，却是很多相貌非凡、气势阔大的人都不能及的，甚至轻易就会被他身上的气场所征服。他六分钟说服孙正义投资2000万美元的传奇，足可见他的气场之不一般。

孙正义，成功投资了雅虎网站的日本软银公司董事长，素有“网络投资皇帝”之称。他不出手则已，一出手就可能造就成百上千个网络英雄。2000年，马云应朋友之约飞赴北京“见一位神秘人物”。到了地方才知道，对方是孙正义。

轮到马云了，他谈了他的目标，并坦诚地分析，公司可能亏损，但是亏损额度不会太大，并且可控。本来准备讲一个小时，可刚刚开始6分钟，孙正义就从办公室那一头走到马云旁边，决定投给马云2000万美元。这段佳话也成了马云强大气场的一个最好的证明。

九年后，孙正义对马云说起当年决定投资的原因：“我见到你的时候，你一无所有，中国的互联网行业也仅仅是刚起步。但是，你的双眼闪烁着坦诚与真实、梦想和激情。在当时，多数互联网公司，不管是日本的还是欧洲的，它们只是复制美国的成功模式。阿里巴巴创立了一个新的商业模式，因此，你一定会成功。”“保持你独特的领导气质，这是我为你投资最重要的原因。”

毫无疑问，正是马云身上这种“独特的领导气质”，这种气场，成功地征服了孙正义，使得孙正义大胆投资。

而实际上，马云的气场除了他高超的口才和内心的强大外，最重要的就是他永远心怀希望，他的字典里从来没有过“失望”一词。哪怕是在最艰难的时候，他对未来的期许也足可以用一个“狂”字来形容，这种狂，使他身上积聚了强大的气场，并且传染给他的团队，像太阳一样照亮了团队的心灵，使他们合力奋进，并最终创造出了神话般的电商帝国。

"只要你有梦想，不放弃，你就永远有希望和机会。"马云经常用这句话来激励自己和员工们。在他看来"永不言弃"里蕴藏着巨大的能量和希望，并昭示着成功和未来，是一个企业甚至一个国家振兴的传家之宝。不论遭遇什么困难，只要能以永不言败的态度去对待它，你就能攀登一个又一个高峰。

希望是力量的源泉，心怀希望的人才能催生出力量的因子，让力量在身体中不断翻涌，从而使自己拥有无与伦比的气场，像一个小太阳一样发光发亮，照耀着成功的道路。

大人物是这样，普通员工又何尝不是这样？只要心怀希望，始终不放弃，就能营造出自己的气场，让自己成为职场中散发出热与光的"小太阳"。那么，成功还会远吗？

不要小瞧心怀希望的力量，它是惊人的。当一个人期望某个好的机会出现的时候，它内心深处的气场能量就会运动起来，就能帮助他们实现自己的期望。

你的心怀希望会领着自己的气场运动，如果期望本身就是不好的，那么你身上的气场必然是负面的；如果期望好的，那么你所散发的一定是正面的气场。你会在好的结果中坚定了自己的信心，职业能力和魅力也越来越强，你就会成为职场中的小太阳！

5. 超越逆境，把磨难当成修炼气场的战场

人的一生绝不可能是一帆风顺的，既有成功的喜悦，也有无尽的烦

恼；既有波澜不惊的坦途，也有布满荆棘的坎坷与险阻。当苦难的浪潮向我们袭来时，我们唯有与命运进行不懈的抗争，才有希望看见成功的曙光。

每个人在工作和生活中都会遇到各种障碍、困难和挫折，遭遇很多失败和痛苦。在挫折面前，有的人笑对挫折，对各种不利因素能做出灵敏的反应，及时调整自己的心态，善于把不利条件化为有利条件，摆脱失败，走向成功。而有的人却会出现暴怒、恐慌、沮丧、退缩等情绪，影响了学习和工作，让自己一败涂地。

有人说，一个人的气场强，他的能量就大，遇到困难也能轻易化解。事实上，困难就是困难，跟气场的大小强弱没有关系。所不同的是，气场弱的人把困难当成了灾难，想方设法地躲避它；气场强的人把困难当成机遇，迎难而上去解决它，并且高兴有了困难才使自己有了进步的机会，他们不会惧怕逆境，而是把逆境当成修炼气场的战场，竭尽全力超越逆境，使自己的气场越来越强。

有一个音乐系的学生，向一个极其有名的钢琴大师学习钢琴。第一天，钢琴大师给了他一份乐谱："试试看吧！"

乐谱的难度非常高，学生弹得生涩僵滞、错误百出。

"还不成熟，回去好好练习！"钢琴大师在下课时，如此叮嘱学生。

学生刻苦练习了一个星期，第二周上课时正准备让钢琴大师验收，没想到钢琴大师又给他一份难度更高的乐谱："试试看吧！"却只字未提上周的练习。

于是，学生再次挣扎于更高难度的技巧挑战。然而，第三周，更难的乐谱又出现了。这样的情形一直持续着：学生每一周都在课堂上被一份新的乐谱所困扰，然后把它带回去练习；接着再回到课堂上，重新面临更高难度的乐谱。即使这样，学生却仍然追不上进度，一点也没有因为练习而有驾轻就熟的感觉，他感到越来越不安、沮丧和气馁。终于，学生再也忍不住了，当大师走进教室的时候，学生提出了这三个月来不断折磨自己的质疑。

钢琴大师并没有开口，只是抽出第一次交给学生的那份乐谱递了过去:“弹奏吧!”他以坚定的目光望着学生。

不可思议的事情发生了,连学生自己都惊讶万分,他居然可以将这首曲子弹奏得如此美妙,如此精湛!钢琴大师又让学生试了第二堂课布置的练习,学生依然表现出超高的水准……演奏结束后,学生怔怔地望着钢琴大师,说不出话来。

“如果,我任由你表现最擅长的部分,可能你还在练习最早的那份乐谱,你就不会有现在进步的程度、超水平的发挥……”钢琴大师缓缓地说。

一个人能力的提升,往往是在自己和自己的较量中得以实现的。如果不求上进地只是喜欢做一些简易的、不必费心思花力气的事情,或仅满足于一点既得的成绩,那么,能力与水平便会只停留在一个层面上,永远得不到长远的发展。只有那些正视挑战、敢于挑战的人,才能突破现状不断地向前迈进。

人生难免有挫折。挫折,就是所谓的“钉子”,即人们所遇到的失利、失败和阻碍等,挫折与整个人生相伴,普遍存在,难以避免。而失败者逢事业失败,不用别人说,自己就会想:我失败了,从此阳光离我远去,我再也不会成功了。但如果你知道“一切都不断在茁壮发展”,你也许就不会沉浸于失败的黑暗之中,甚至还可以创造出另一个机会来,此时成功也不会离你太遥远。成功学家拿破仑·希尔认为,不管如何失败,都只不过是不断茁壮发展过程中的一幕。成功是由若干步骤组成的,挫折只是其中的某一步而已,如果由于它停止了前进的脚步,那将是非常愚蠢的。

有人问一位智者:“请问,怎样才能成功呢?”智者笑笑,递给他一颗花生:“用力捏捏它。”那人用力一捏,花生壳碎了,只留下花生仁。“再搓搓它。”智者说。那人又照着做了,红色的种皮被搓掉了,只留下白白的果实。“再用手捏它。”智者说。那人用力捏着,却怎么也没法把它毁坏。“再用手搓搓它。”智者说。当然,什么也搓不下来。

“虽然屡遭挫折,却有一颗坚强的百折不挠的心,这就是成功的秘密。”智者说。

职场上的逆境总会有的，不超越逆境怎么能在职岗位上强势地生存下去。古往今来，那些真正能够超越逆境的人，个个都是气场强大的牛人。这样的历史案例不胜枚举，如勾践卧薪尝胆、韩信能受胯下之辱等等，他们都在逆境中努力地去奋斗，最终超越过去，成为气场强大的人物。

德国的思想家狄更尔认为：一个人内在的潜能，只有在困境中才会得到最大的激发；一个人向上的能力，往往也是在与各种侮辱、痛苦的搏斗的过程中壮大的。在变负为正的过程中，我们要保持微笑的姿态，善于借助磨难激发自己的斗志。

真正优秀的人往往能在逆境中找到自己的潜力，并且将这个潜力开发出来，成就自己强大的职业能力和职业气场并跳出逆境，实现自己的华丽转身。

有一个年轻人，小时候，他就有一个梦想，希望自己能够成为一名出色的赛车手。他在军队服役的时候，曾开过卡车，这对他熟练驾驶技术起到了很大的帮助作用。

退役之后，他选择到一家农场里开车。在工作之余，他仍一直坚持参加一支业余赛车队的技能训练。只要有机会遇到车赛，他都会想尽一切办法参加。因为得不到好的名次，所以他在赛车上的收入几乎为零，这也使得他欠下一笔数目不小的债务。此时，他一点也不灰心。

有一年，他参加了威斯康星州的赛车比赛。当赛程进行到一半多的时候，他的赛车位列第三，他有很大的希望在这次比赛中获得好的名次。突然，他前面那两辆赛车发生了相撞事故，他迅速地转动赛车的方向盘，试图避开它们。但终究因为车速太快而未能成功。结果，他撞到车道旁的墙壁上，赛车在燃烧中停了下来。当他被救出来时，手已经被烧伤，鼻子也不见了。体表伤面积达40%。医生给他做了7个小时的手术之后，才使他从死神的怀中逃脱出来。

尽管命是保住了，可他的手却萎缩得像鸡爪一样。医生告诉他："以后，你再也不能开车了。"

然而，他并没有因此而绝望。为实现心中那个久远的梦想，他决心再一次付出代价。他接受了一系列植皮手术,为了恢复手指的灵活性,他每天不停地练习用残余部分去抓木条,有时疼得浑身大汗淋漓,也仍然坚持着。

在做完最后一次手术之后,他回到了农场,用开推土机的办法使自己的手掌重新磨出老茧,并继续练习赛车。

仅仅是在9个月之后,他又重新回到了赛场!他首先参加了一场公益性的比赛,他的车在中途意外地熄了火。不过,在随后的一次全程200英里的汽车比赛中,他取得了第二名的好成绩。

又过了2个月,仍是在上次发生事故的那个赛场上,他满怀信心地驾车驶入赛场。经过一番激烈的角逐,他最终赢得了250英里比赛的冠军。他,就是美国颇具传奇色彩的伟大赛车手——吉米·哈里波斯。

当吉米第一次以冠军的姿态面对热情而疯狂的观众时,他流下了激动的眼泪。

一些记者纷纷将他围住,并向他提出一个相同的问题:“你在遭受那次沉重的打击之后,是什么力量使你重新振作起来的呢?”吉米只是微笑着用黑色的水笔在图片的背后写上一句凝重的话:把失败写在背面,我相信自己一定能成功!

在逆境中,心中不灭的信念和希望是人们经受住种种困难考验的强大支撑力。在人生的道路上,每一个苦难都是机遇,不畏挫折,战胜困难,就等于成功了一半。

雪莱说:“每个障碍都激发坚定的决心,盯住恒星的人不会改变主意。”

一个人是面对困境闲庭信步,还是消极被动地忍受人生的凄风苦雨,都取决于他对待生活的态度。态度决定命运,态度决定人生。上天不会给我们快乐,也不会给我们痛苦,它只会给我们生活的作料,至于会调出什么味道的人生,那只能在于我们自己。你可以选一个快乐的角度去看待它,也可以选择一个痛苦的角度,如同做饭一样,你可以做成苦的,也可以做成甜的。所以,你的生活是笑声不断,还是愁容满面,是披荆斩棘、勇往直前,还是缩手缩脚、停滞不前,这不在于他人,在于你自己!

所以,不要害怕逆境和困难,直面逆境,勇对困难,正是修炼强大气场的重要一环。就把磨难当成是你修炼气场的战场吧,你打赢这一战,就能赢得强大的气场,并有足够的勇气和能力迎接下一个挑战,打赢更大的一战!

6. 保持平和,以宽容和大度让自己受人欢迎

北宋哲学家、易学家邵雍在《心安吟》这样写道:“心安身自安,身安室自宽。心与身俱安,何事能相干。谁谓一身小,其安若泰山。谁谓一室小,宽如天地间。”

大体的意思就是说,一个人要想有容纳众物的心肠,就必须先要让自己保持平和的心态,因为平和的心态才能保证自己的处境是安稳的,这样自己就能以更好的状态来面对生活,一切事物在自己的眼里都是安全的,气场也就因此变得强大起来。

平和的心态不仅是赢得别人的认可和支持的前提,更是修炼自己的内心,让自己更冷静、更努力地做好自己的事情的关键。当你把你该做的事情做到最好,你的气场也自然而然地散发开来。员工就应该保持平和,宽容和大度,也许会暂时受一点小小的委屈,但是委屈过后,迎来的是别人的认可和尊重,这为自己积蓄能量创造了最好的外在环境,为自己职业气场提供了最佳的人际营养。

一位年轻的慈善家请教一位得道的高僧:“我如何才能变成一个自己愉快同时也能够让别人愉快的人呢?”

高僧笑着对他说:“孩子,在你这个年龄有这样的愿望,已经是很难得了。很多比你年长许多的人，从他们问的问题本身就可以看出，不管给他们多少解释，都不可能让他们明白真正重要的道理。”

年轻慈善家满怀虔诚地听着，没有流露出丝毫得意之色。

高僧接着说：“我送给你四句话。”

高僧的第一句话是：“把自己当成别人。你能说说这句话的含义吗？”

年轻慈善家回答说：“是不是说，在我感到痛苦忧伤的时候，就把自己当成是别人，这样痛苦就自然减轻了；当我欣喜若狂之时，把自己当成别人，那些狂喜也会变得平和中正？”

高僧微微点头表示赞同。

高僧接着说第二句话：“把别人当成自己。”

年轻慈善家沉思了一会儿，说：“这样就可以真正同情别人的不幸，理解别人的需求，并且在别人需要的时候，给予恰当的帮助？”

高僧两眼发光，继续说第三句话：“把别人当成别人。”

年轻慈善家说：“这句话的意思是不是说，要充分地尊重每个人的独立性，在任何情形下，都不可侵犯他人的核心领地？”

高僧哈哈大笑：“很好，很好。这一点是世俗间人们最容易遗忘的一件事！因为人们往往妄想着要去改变他人，却在无意中伤害到了对方……”

高僧说的第四句话是：“把自己当成自己。这句话理解起来太难了，留着你以后慢慢品味吧。”

年轻慈善家说：“这句话的含义，我一时体会不出。但这四句话之间就有许多自相矛盾之处，我用什么才能把它们统一起来呢？”

高僧说：“很简单，用一生的时间和经历。”

高僧是位拥有大智慧的智者，只是短短四句话便说尽了与人相处的真谛。人与人之间总有差异，所以有时摩擦、争吵总是不可避免，这些本是很正常的事情。如果多些理解，学会包容，能够设身处地地为他人着想，就不会因他人与己见不同而生出隔阂，进而产生矛盾，从而让自己更受欢迎。

其实不管在任何地方，那些气场强大的人，都是受人喜欢的人，受人欢迎的人。他们善于理解他人，接纳他人，体谅他人，在接受他人的长处时，也接受别人的短处，不固执，不偏激，不斤斤计较，不为小事计较，也不为误会烦心，宽容待人，平和待己，从而让自己有一种平和亲切的气场，使得人人都喜欢。

职业气场对每个员工而言都有着不同的意义，追根究底，它源于人们的内心。宽容和大度也来自于每个员工的内心，当一个员工能将他的宽容和大度毫不吝啬地展现出来时，不经意间就会让人产生崇敬之情。

“宽可容人，厚可载物”要想让自己成为宽容和大度的职业人士，就得先保持一份平和的心态，这就会产生一种令人崇敬的气场，在工作中，职员最离不开宽容和大度。销售行业有这样一句话：对客户宽容，就是变相肯定自己。宽容他人就是宽容自己。将这种气场由衷表现出来的时候，也就是他们成功俘获客户的时刻。

大海因为能够保持平和，容纳百川，所以可以成为浩瀚的海洋。一个懂得平和和宽容的人，必能容人所不容，因而能更加赢得别人的尊重，更受大家的欢迎，他的气场自然地更为强大和厚重。

第三章

修身进德，高尚的品德是强大气场的源头

个人品德是职业操守的保障，也是职场上的个人品牌。修身进德方可提升自己的人际吸引力，气场才能得到足够的空间去修炼。所以，正直、诚信、礼貌、谦和、虚心，以品德打造个人的职场魅力，让自己成为别人可以信赖的人，你就可以有好的人缘和机缘，摇身变成职场上最有气场的优秀员工。

1. 提升个人品德，气场自然强大

美国作家艾默生有这样的一句话："品德是一种内在的力量，它的存在能直接发挥作用，而无须借助任何手段。"

在中国文化中，"德"是精髓中的精髓，魂魄中的魂魄，是一切的核心和根本。人无德不立，国无德不兴。中国古代思想家孔子认为，道德修养是一个人立身处世的根基，是"治国"、"平天下"的重要条件。"为政以德，譬如北辰，居其所而众星拱之。"孟子也说："以德服人者，其心悦而诚服也。"可见唯德可以立身，唯德可以服人，唯德可以治国，唯德可以安天下。一个真正的领袖，一个受人尊敬的人，一个有影响力、感染力、吸引力的人，一个有气场的人，肯定首先是一个有道德的人。

几千年来，"德"一直是一代又一代中国人最崇高的理想，最基本的追求，最重要、最基本的价值观，以至于天下人皆以"德"为本，望"德"而尊。无德则不立，有德则为尊。那些光耀千秋的古圣先贤，无一不是大德至辉的圣人。比如被称为唯一一个将"立德、立功、立言"之"三不朽"都做到了极致的"至圣先师"孔子，更是一位"德耀尧舜"、万代尊崇的"圣人"！

孔子是万世师表，是一个伟大的教育家、思想家，也可算半个政治家，但他首先是一个品德高尚的知识分子。

孔子说过："不义而富且贵，于我如浮云。"在孔子心目中，仁义是人生的最高价值，在贫富与道义发生矛盾时，他宁可受穷也不会放弃道义。但他也是一个普通的人，并不是不食人间烟火的神仙，所以他并不是完全否定富贵，不求富贵，但他的求富贵，

> 必须是在道德之后，在道德的约束之下的行为。孔子曾说："富与贵，人之所欲也；不以其道，得之不处也。贫与贱，人之所恶也；不以其道，得之不去也。""富而可求也，虽执鞭之士，吾亦为之。如不可求，从吾所好。"孔子以好学著称，对于各种知识都表现出浓厚的兴趣，因此他多才多艺，知识渊博，在当时是出了名的，几乎被当成无所不知的圣人，但孔子自己不这样认为，孔子曰："圣则吾不能，我学不厌，而教不倦也。"孔子学无常师，谁有知识，谁那里有他所不知道的东西，他就拜谁为师，因此说"三人行，必有我师焉"。
>
> 古代中国，孔子的师德观是"其身正，不令而行，其身不正，虽令不从"，"不能其身，如正人何?"他主张教师要以身作则，用自己的实际行动和人格影响学生，做好学生的表率。在提高文化素质方面，孔子的思想是"学而不厌"、"诲人不倦"、"不耻下问"。在爱学生方面，孔子说："爱之，能勿劳乎?"

孔子正是凭借自己高尚的人品和伟大的师德才成为万世之师表，人伦之楷模，也成就了自己万世不朽的英名，他的一言一行、一思一虑也成为华夏儿女的气质内蕴和规范。千年以降，斯人已逝，但他的气场却从来没有稍减，并无来者可追，更无一人超越。几百年乃至几千年以后，孔子依然是气场最强的道德模范。汉代司马迁写完《孔子世家》后，意犹未尽，又在文末附太史公曰：

> 《诗》有之："高山仰止，景行行止。"虽不能至，然心向往之。余读孔氏书，想见其为人。适鲁观仲尼庙堂车服礼器，诸生以时习礼其家，余只回留之不能去云。天下君王至于贤人众矣。当时则荣，没则已焉。孔子布衣传十余世，学者宗之。自天子王侯，中国言"六艺"者折中于夫子。可谓至圣矣！

高山仰止，景行行止。对于这样一位立德德不衰、立功功不朽、立言传千秋的"至圣"，又有几人能不油然而生敬意，"心向往之"呢?

人无德不立。任何时候，德都是第一位的。一个人可以没有才，可以没有位,可以没有钱,但一定要有德。因为有德,天性愚鲁也能善良敦厚,地位低贱也能自尊自爱,身无分文也能端方正直,这样的人,不论在任何地方,都会自然而然有一种气场。

但是若是一个人具备了良好的职业品德,他的能力或许少一点,但是他终究会锻造出强悍的职业气场,在行业里成为众人羡慕的翘楚。

吉米开了一家汽车维修店,一天,一个自称在某家知名运输公司当汽车司机的顾客走进他的店里。汽车维修好之后,这位顾客在结账时对吉米说:"麻烦你在我的账单上多写点零件吧,我回公司报销后,肯定会给你一份好处的。"吉米拒绝了他的要求。这位顾客还不死心,继续纠缠道:"我所在的可是一家大公司,我会经常把车开到你这里来维修的,只要你乐意,你肯定会赚到更多的钱!"但吉米仍然不为所动,他坚持说这种事情他无论如何也不会做。这位顾客气急败坏地大嚷道:"任何一个人都会这么做的,我看你真的是太傻了。"

吉米被这位顾客的无理取闹激怒了,他要那个顾客马上离开,到别处谈这种生意。这时,这位顾客却露出了微笑并满怀敬佩地握住了吉米的手:"刚才实在是对不起,其实我不是什么司机,我就是那家运输公司的老板,很长时间以来,我一直在寻找一个固定的、信得过的,绝不会弄虚作假的维修店,现在我终于找到了,我怎么还可能舍弃这样好的一个维修店而到别家去谈这笔生意呢?希望我们合作愉快!"就这样,吉米因为坚守他的职业道德,而赢得了一笔相当大而且相对固定的生意,而且生意不断扩大,最终取得成功。

但丁说:"品德常常能填补智慧的缺陷,而智慧却远远填补不了品德的缺陷。"

一个普通员工若是在职业智慧和能力上有所欠缺,那他凭借着个人品德的修炼,也可以为自己积累更多的人缘和机缘,他也就有可能为自己带来更多的锻炼机会,成为气场强大的优秀员工;若是他的个人品德有问题,他就会在岗位上缺少支持者和合作者,也会少了很多的职业人脉和财脉，即便他的职业智慧和能力都是出众的，他也只会是名普通的员工，终究成为不了办公室内有职业魅力的员工。

个人品德既能使职员获得他人的好感，也是能推动自身职业发展的重要条件。一个员工若是懂得在职场上不断地提升个人品德，他就必然能为自己带来足够的机缘来发展职业能力，他的职业气场也会在最佳的环境里得以增强。

企业管理学大师马克卢比曾说过这样的话："几乎所有的公司都喜欢个人品德很好的员工，他们有很好的忠诚度和敬业度。那些高学历、高技术的人，固然也是被公司需要，但是公司不一定会喜欢上他们，因为他们太容易骄傲，太容易提更多要求，多数是有能无德，老板对他们的态度也是只用而不重。只有那些品德良好的员工才能赢得更多的信任，取得更大的成功。"

良好的品德对于一个人的成功影响巨大，更是一个人的气场源头。个人品德提升，气场自然而然也会随之强大。

成为一名优秀的员工，个人品德是最关键的，缺乏个人品德的人，容易在职场上被利益所打败，最后演变成众人嫌弃的人，那他注定修炼不成强大的职业气场。

品德对每一个人来讲都极为重要，你是处于底层、奋战在一线的普通员工，品德就赋予了你职业生命的方向、意义和内涵，并构成了职业的涵养，让你在面临重要抉择时做出正确的选择。你就会锻炼出最强的职业能力，成就最有吸引力的职业气场。

2.

坦荡处世正直为人，修炼正义气场

正义气场，其实有一个我们都很熟悉的词会将这个意思表达得更明确一些，这就是正气。

正气，指的是一个人在为人、做人时的正直、忠贞、刚正的气节，光明磊落、公正无私、廉洁奉公的作风，刚正不阿、清正良好的风气。

正气是正义的化身，是避邪的"镇石"。英国哲学家阿狄生说："世上没有比正义更伟大、更神圣的美德。"伟大的剧作家莎士比亚说："世上没有比正直更丰富、更宝贵的财产。"

浩然正气是一种崇高的精神境界，是一种顶天立地的节操。浩然正气的产生是由于一个人坚守正直之心，经常做正义之事，久而久之，就凝结成一种正气，形成一种不可屈服的精神力量。

孟子可以说是正义气场的代表人物，也是最早提出浩然正气的人。他说："我善养吾浩然之气。"他认为，养吾浩然之气，不仅可以充塞自己的身心，而且可以贯于天地之间而无所愧怍，因而无所畏惧。这就是所谓的"至大至刚"。孟子认为浩然正气表现在："富贵不能淫，贫贱不能移，威武不能屈。"大意是说，真正大丈夫对金钱、权势、地位的诱惑不动摇；无论多么穷困，遭受多少屈辱，志向志气不改变；在任何威压、武力面前不屈服。孟子这句极具中华特色，物换星移、时代更替，至今仍不失其光彩。

身有正气的人，行为端方，襟怀坦荡，为人正直，处事公平。这样的人，身正影端，两袖清风，不管在任何地方，都气场强大，受到人们的敬畏和赞赏。

《报刊文摘》转载了《敢言敢行朱镕基》的特别报道：尽管朱镕基历经坎坷，却仍然"头角峥嵘，敢说敢干，清正廉洁，刚毅率直，疾恶如仇，情烈如火"。在查出原中共北京市委书记陈希同的贪污案件时，朱镕基震怒之下曾出此名言："我这里准备了一百口棺材，九十九口留给贪官，一口留给我自己。"体现出他力行反腐败的决心，我们却足可以从中看出一个正直、坦荡、无私、无畏的共产党的高级领导干部的浩然正气。

朱总理的这种正直、廉明、坦荡的品格正是他人格魅力的一部分，这种凛凛正气、刚正风骨，正是他敢于坚持真理，敢于说真话，做实事的源头，也是他强大气场的最重要的源头。

正气是浩然之气，修炼一身正气，就能在任何时候，做任何事情都忠贞、刚直，心地磊落，行止光明、坦荡处事，正直为人。这样的人，其强大的气场足以感染任何人。

怎样修炼自身的正义气场呢？实质上八个字就足以概括：坦荡处世，正直为人。

他是镇上的一位医生，并没有什么名气，他在一家没多少影响力的医院工作。有一天，一对年轻的夫妇来找他，男人让他给妻子看病，结果他检查出：乳腺癌早期。也就是说，女人要立刻动手术将乳房切除，这样才能控制住病情。

男人非常信任他，第二天就领着自己的妻子来到他的医院。手术很快就安排好了，他有过数十次的手术经验，这样的手术他也是做过的，他很有信心。

他切开女人的乳房，正准备摘除，他突然发现乳房里面有块石头，原来他当初认为癌变的细胞就是这块石头，显然，他误诊了。他内心陷入极度矛盾的挣扎中，若是他现在就把乳房摘除了，他就能挽回自己的名声，因为那对夫妇是极其信任他的。若是他不这样，手术结束之后，女人的丈夫肯定会质问他，他会声名扫地的。经过几秒钟的犹豫，他终于下了决心：将那块石头拿掉。拿掉了那块石头，他小心地缝合了刀口，回到办公室，静待病人苏醒。

女人醒了，他走到她的病床前面，对她和她的丈夫说：“对不起！我看错了，你根本没有患乳腺癌，只是乳房里有一块石子。我差一点儿就把您的乳房给摘除了，我向你们道歉，希望你们能够原谅我！”

这对年轻的夫妇全呆住了，隔了几秒钟，妇人的丈夫并没有他想象的那么激动，而是静静地说：“谢谢你，最起码你诊出了她乳房里有块小石子，并且将石子拿掉了，她的乳房也不会再疼了。你是一个正直的医生,我们不会为难一个好医生。”

很多人都会佩服这位医生的勇气,在名誉与良心道德的杠杆上,他倾向了后者。从此,很多人都愿意到他这里来看病,人们都愿意相信一个坦荡正直的医生。

想要拥有强大的职业气场,最重要的是不要向他人传递反面的信息。正面的信息会塑造自己的人格魅力,让他人相信自己,愿意接受自己,喜欢自己;而一个员工的坦荡和正直就能为自己提高人格魅力,这种人格魅力也会转换成职业魅力,从而在职场上散发出不一样的气场,为自己的职业前程开好路。

管理学家德鲁克认为,一个员工前途光明,其原因一定是他有着一定的职业精神境界;而一个员工的职业前程惨淡,其根源一定是他的品质恶劣。所以,他主张员工一定要培养做人的境界,要坚持原则,要有一颗正直的心,要有自己的正义气场。

所以要对自己说:“我要坚守正义,修炼出自己的正义气场。”仅仅做到坦荡与正直,你也许在事业上不会成功,但是如果你想成功,就一定要打出“坦荡处世正直为人”这张牌,只有这样,你的职业发展才会越来越顺利,你的气场才会底气充足。

3. 诚信工作,让自己“值得信赖”

安德鲁·卡耐基是美国著名的慈善家,他说:“世界上很少有强大影响力的职业人员,如果有,那就一定是建立在最严格的诚信标准之上的。”诚信不仅仅是职业人员的基本素质,同时也是职业人员的潜在资本。诚信能帮职业人员打开成功的局面,让自己在众人眼里是“值得信赖”的,在职场上才会有足够的人缘和机缘来发挥出自己的职业能力，修炼好自己的职业气场。

诚信是一个员工安身立命的基础。一个员工没有诚信，谁还会去信任他，他连起码的尊重也不会得到，还怎么修炼自己的职业气场？试想一下，谁愿意和一个满口谎言的人共事？谁敢靠近一个经常承诺却总不兑现的人？哪一个上司敢把一个重要的工作交付于一个言而无信的人？哪一个客户愿意与一个背信弃义的人一起合作？

谁在职场中缺少了诚信，谁就会在职场中被抛弃，只有诚信的人才能修炼出良好的职业气场，才会有很多人觉得自己是"值得信赖"的，才能真正获得成功。

李嘉诚为什么能成为世界华人的首富？其实很大程度上是靠着"诚信第一、品格第一"的理念做到的。我们看看李嘉诚自己讲过的一个有趣的小故事就知道了：

"20 世纪 50 年代，我刚做塑胶花的时候，常在皇后大道中看到一个行乞的外省妇人：四五十岁，很斯文的样子，我每次都给她钱。一天，我问她会不会卖报纸，她说有同乡干这行，我便让她带同乡来见我，因为我想帮她做这小生意。在约好她的那天，有个客户刚好要到我的工厂参观。客户至上，我必须接待。交谈时，我突然想到和她的那个约定，就赶紧说了句'对不起'就飞车奔向约定地点，好在没有爽约。见到那妇人和她的同乡，问了一些问题后，就把钱交给了她。她问我姓名，我没说，只要她答应我一件事，就是要努力工作，不要再让我看见她在香港任何地方伸手向人要钱。

事后，我又飞车回工厂，客户正着急，他说：'为什么洗手间里找不到你。'我笑一笑，这事就过去了。"

作为一个商人，李嘉诚能对一个乞丐守约，而且一无所求，这就说明他不但讲求诚信，也是一个品格非常好的人，因此他能成为华人中的首富是在情理之中。中国有句古话说："无商不奸。"但当代最有钱的华商李嘉诚不但不"奸"，还是个人品诚实高尚的楷模。其实成功的真正绝招是诚信第一，品格第一！

对于一名想要成功的人来说,树立"诚信第一、品格第一"的理念是非常重要的。如果没有这个最基本的道德素质,不管你的本领有多大,多么勤奋,都不可能建立起自己的事业,都不可能取得成功。人无信不立,业无信不立,只有投入才有回报,只有忠诚才有信任。

子曰:"言必信,行必果。"是说一个人为人处世务必做到言行一致,这是诚信工作的必然要求。乱开空头支票,却不去实现的职业人员往往在办公室里丧失基本的人缘,被周围人孤立起来。即便他能力再强,又何曾有气场可言?

拥有强大职业魅力的员工最应该注重的就是"信",只有通过自己的诚信工作,才能让别人觉着自己是"值得信赖"的,别人才会在重要的事情上放心与你合作甚至全权托付给你。这样,别人也能更加全面地感受到职业人员的气场能量,真正感受到职业人员的人格魅力。

冈田卓也曾经是一个百货商店的店主,一个曾经在日本零售业界微不足道的人物,他靠着自己非凡的才华,一步步从"冈田屋"那简陋的小店迈进了佳世那宽敞的办公室。在日本的四日市一冈田卓也的家乡少了一位精明能干、受人称道的百货店主,而在日本零售业界却多了一位叱咤风云的商业巨子。

冈田卓也,生于1925年9月19日,是家里唯一的男孩,42岁的父亲冈田惣一郎中年得子,自然对小冈田宠爱有加。但是,天有不测风云,1927年9月30日,正当冈田惣一郎想雄心勃勃地开创自己的事业时,病魔却无情地夺走了他的生命。这时,冈田卓也才刚满两周岁。

冈田卓也可以说是"冈田屋"传统经营之道的忠实继承者,他时时牢记祖父的一句训言:"要靠降价赢利,不靠涨价赚钱。"战后初期的日本,物资匮乏,有些商人趁火打劫,囤积销售,哄抬物价,造成物价飞涨,当时的商业界,黑市交易、投机经营成为普遍现象,在有可能决定"冈田屋"生死存亡的关键时期,是随波逐流,还是坚持正当经营,对年轻的冈田卓也社长来说,是一个重大的考验。尽管当时的小店很需要钱,而钱又那么唾手可得,但冈田卓也在关键时刻显示出他可贵的商德。冈田卓也没有因为钱而放弃经商的原则，而是始终把维护商业信誉放在第一位，坚决顶住尔虞我诈的不良社会风气，坚持低价销售、诚实经商，凭着良心和优秀的商德进行着惨淡经营。

冈田卓也所做的一切很快得到了回报。1947 年秋，日本政府为制止黑市交易，恢复了战争时期曾实行的布票制度。居民必须在经营供应物品的商店事先登记所需，政府凭登记数量向商店批发布匹、衣物，登记过的顾客再凭票购买棉布或棉袄。登记的客户越多，进货就越多；反之如果没有顾客登记，则说明商店没有信誉，政府也会相应取消其经营配给布匹的资格。由于“冈田屋”一向坚持优质低价、诚实经商，在当地享有极好的声誉。因此，政府一公布新措施，市民们纷纷到“冈田屋”登记。获得了信赖，小店也因此逐步走向复兴。

相反，如果当时冈田卓也像那些见利忘义、欺行霸市的奸商一样，现在自然也会被顾客所抛弃，更不会有今天的佳世客。

坚守诚信，让自己值得信赖，你的气场就会由内而外散发出来，你就会得到人们的信任和尊重。作为一名员工，诚信素质也一样重要，如果欠缺这种素质，我们就得不到老板、上司、同事和客户的信任。一个不被人信任的人，气场又从何谈起呢？只有诚实守信、言出必行、忠诚可靠、有良好的道德品质的员工才是职场上最有气场的员工，是最值得信赖的员工，也是最能得到企业青睐的员工。

4.

注重礼仪，用修养和魅力打造气场

心理学大师拿破仑 · 希尔博士说：“真正的气场魅力来自人们所忽视

的礼仪修养。”

“人无礼不立，事无礼不成，国无礼不宁。”孟子说过以礼仪处世是一种高贵的品质。历史上但凡是贤士居多的朝代，都是君王礼待下属的结果。这些被君王以礼相待的“贤人”最终也是以身相报，不辞一切的。但是这些贤士也是君王的贵人，如果没有刘备的“三顾茅庐”，就不可能有诸葛亮的鞠躬尽瘁，也很可能就不会有“三国鼎立”，如果不是信陵君的礼仪有加，侯嬴又怎会以身相报？“敬人者，人恒敬之，爱人者，人恒爱之。”只有那些任何时候都以礼相待别人的人，才是气场最强，追随者最多的人，而他们也往往是最能成事的人。

所以，要想自己的职业气场吸引到周围的人，就要让更多的人认可自己，让自己成为优秀员工，这就需要职业人员去提高个人魅力的“磁性”，这个“磁性”正是由个人的礼仪塑造的。

央视版《西游记》被传媒和观众奉为经典，其中有一段剧情挺有趣：师徒四人来到一片荒山，唐僧让八戒去探一探路。八戒非常不情愿地出去问路，他见一老妇人便问：“喂，胖妇人，这条路怎么走啊？”村妇听完以后，非常生气，操起手里的扁担就要打八戒。最后，还得悟空出马，悟空化成一个彬彬有礼的小和尚，上前对妇人施礼，问道：“嫂嫂，请问此路是什么去处？”妇人很是客气地回答了悟空。

妇人能帮助师徒四人指明方向，可见，妇人这一刻就是他们的贵人。八戒疏忽礼节，粗鲁地向妇人问路，妇人当然不会高兴，更不会帮他的忙了；而悟空出于对妇人的尊重，他就变成了小和尚，问话的时候还非常礼貌，妇人就会很乐意地为他指路了。可见，礼仪能让自己散发出足够的魅力，别人就会认可你，愿意助你一臂之力。

“礼”是一种内心的秩序，就如同任何会议都要有规则一样。职业人员如果守好这个规则，一定会引起别人的注意。西方人拿破仑·希尔说：“礼仪其实是个奇怪的气垫，它里面可能什么也没有，却能奇妙地减少颠簸。”

一位著名的作家雇用了一个没带任何介绍信的小伙子到他的办公室做事，作家的朋友挺奇怪一向谨慎小心的作家这次怎么毫不防范。作家说："其实，他带来了不止一封介绍信。你看，他在进门前先蹭掉脚上的泥土，进门后又先脱帽，随手关上了门，这说明他很懂礼貌，做事很仔细；当看到那位残疾老人时，他立即起身让座，这表明他心地善良，知道体贴别人；那本书是我故意放在地上的，所有的应试者都不屑一顾，只有他俯身捡起，放在桌上；当我和他交谈时，我发现他衣着整洁，头发梳得整整齐齐，指甲修得干干净净，谈吐温文尔雅，思维十分敏捷。怎么，难道你不认为从他身上表现出来的这些礼仪和修养就是极好的介绍信吗？"

德国有一句谚语："脱帽在手，世界任你走。"有礼仪不一定总能为你在职场上带来好运，但没有礼仪却往往使你与幸运擦肩而过。在职场上，懂得用礼仪塑造"磁性"人格魅力的人，就能够聚集众人的气场力量为己所用，他们的职业气场也会很强。

其实一个人气场的最大源头是自己的内心修养，而这些东西是通过人的外在形象来表现的。因而气场实际上是一个人的修养和魅力发自于内而形诸于外，通过形象、语言、神态、举止等等表现出来，感染和影响别人的。修养和魅力不仅仅是礼仪，外在形象更能放大内心气场，让气场发散出来。所以，我们要注意自己的外表，因为外表是气场最直观的表现，也是最容易被别人感受到并被打动和感染的一种气场。

1960年，在尼克松与肯尼迪之争中，年轻、英俊、风流倜傥的肯尼迪身上散发着领袖气场，他看起来坚定、自信、沉着，不仅能够主宰美国的政坛，而且能平衡世界的局面。当他提出"不要问国家能为你做什么，问一问你能为国家做什么"的口号时，却在以"自我"为中心的国度里激起了美国人民上下一片的爱国热情。他不仅满足了美国人梦中理想的领袖形象，而且创立了领袖形象的最高标准，这就是气场巨大的影响力所在。1980年与里根竞选总统的杜卡基斯，无论是外表还是声音，无论演讲还是表演，在英俊、高大、富有感召力的里根的衬托下，越发显得“不像个领袖”，因而落选。而演员出身的里根用自己的微笑、声音、手势、服装及高超的演技，营造出一个迷人气场，从而掩盖了他在知识和智力上的不足。

几十年过去了，肯尼迪的形象一直让人难以忘怀，使很多政治家黯然失色30年后，克林顿再度让美国人民旧梦重温。受到肯尼迪的影响，克林顿从小立志从政，他以肯尼迪为榜样，仪态举止处处满足美国人渴望的总统形象，他终于成为美国总统。在克林顿身上，正反两面都有肯尼迪的影子。尽管他是美国历史上丑闻最多的总统之一，但他每次都能安然渡过难关，使人民一次次原谅他的不检点。相比之下，尼克松因一次水门事件就被迫离开了白宫。

可见，良好的外在形象能够使人产生强大的气场。外在的形象就是你赢得别人敬畏和喜爱的“敲门砖”。而外在形象最重要的一点就是你的衣着和打扮。

衣着可以使人不自觉地传达出气场信息，别人借此对你做出判断。安德鲁·卡弗里克在认真地研究衣着对气场的影响后，写成了《成功与衣着》这本书。书中的主要论点是：衣着适合自己的职业和身份，就会促进他的成功；反之，衣着不适合身份，将会有损一个人的气场，从而不利于其发展。其实，这种观点不难令人理解。试想一下，美国总统穿着背心在电视台发表演讲，恐怕只会让人感到滑稽，而不会产生对他的尊敬，更不会认为他这样做会有什么影响力可言。所以一个人应该十分注重自己的衣着形象，穿衣戴帽，应当考虑到你的职业和形象，让衣着最大限度地展示你的气场，从而去影响别人。

汉密尔顿将军是“二战”期间英军的著名将领。他领导自己的部队在北非与隆美尔周旋，是蒙哥马利元帅手下的爱将，他的穿着就很有特色。他在任何场合都喜欢穿礼服，当然也从不戴钢盔，只戴一顶丝棉制品的贝雷帽，给人的感觉既像西装革履的绅士，又像宽厚仁和的长者。士兵们对他既亲切，又有几分畏惧。这一形象使他在任何时候都能走进士兵的心中,成为他们的一分子,又能随时从中走出来,使他们认识到“这是我们的司令”。

艾森豪威尔将军穿着一件自己设计的短夹克,这件短夹克陪伴他度过了最残酷的战争时期,并且成为了他的标志之一。由于艾森豪威尔将军强大的气场,使美国士兵对他敬畏有加,誓死追随,甚至把对他的这种敬爱和追随的热情倾注到了这样的夹克上,最后整个美国陆军都采用了这种夹克,并称其为“艾克夹克”。

可见穿着是你强大气场最有力的表现。即便是一个本身气场相当强大的人,若你的衣着打扮与你的气场不匹配,也极有可能削弱你的气场,而且别人的感受也会非常明显。因而,想要塑造自己的强大气场,对于衣着打扮,切不可忽视。

有一次,亚里士多德应邀参加一场宴会。最初入场时,他穿了一件普通的衣服,会场上根本没有人注意到他,别人对他的态度都很冷淡。亚里士多德疑惑地说:“为什么他们都这个样子?难道,我这个哲学家就这么被人轻视吗?”

他在镜子里看到了自己的形象,这才意识到,自己和其他宾客的差距着实太大了!于是,亚里士多德连忙出去换了一件崭新的皮大衣,重新回到宴会上。天哪,一切都变得不同了!主人的态度非常殷勤,他邀请客人们纷纷向亚里士多德表示敬意,并前来向他敬酒。

见此情景,亚里士多德大笑着说:“看来,是我的这件大衣让我成了全场的焦点,它可真是我的好兄弟!所有的理解和赞美都是冲着它来的,它才是今天的客人。”

也许,亚里士多德并不喜欢这样的转变,不过他必须承认一个事实:形象好的人就是比较受欢迎,形象的确能够影响一个人的气场。如果你渴望得到他人的关注,渴望自己变成一个气场强大的人,就必须从现在开始注意自己的形象，加强自己的修养，使自己拥有强大的气场，通过自己的礼仪、修养和外在衣着打扮塑造自己良好的外在形象，从而将内在的气场散发出来，让所有的人都感知到，你就是气场最强的那个人。

5. 奋发进取，塑造强大影响力

职场中，有潜力的员工一抓一大把，但是有潜力不代表他们能成为优秀的员工，太多有潜力的员工不过平庸一生。说到底就是因为气场修炼得不够。要想成就自己非凡的职业气场，员工就应该不断地提高自己的个人能力和魅力，而这些都是建立在自己强烈的进取心之上的。

许多人喜欢满足于现状，结果他们在现状中丧失了进取的力量。员工若是没有进取心的引导，就很容易丧失工作的激情和斗志，变得习惯于固守一些有限的资源，最后他们的职业能力必定得不到提高，又怎么能修炼出强大的职业气场呢？

气场的能量是在内心的渴望中慢慢生成的，奋斗进取是把握内心渴望的唯一标准，也就是说，一个员工若是懂得奋斗进取，那他必定丰富了内心的渴望，他便更有激情来面对工作中的挑战，渐渐地，他就能积蓄充足的气场能量。

一些员工之所以缺少内心的渴望，是因为他们不想着去进步。他们宁愿守着一口井看一小片天空，也不愿意跳出来去感受更加灿烂的阳光，即便这些阳光能让他们很舒服，能让他们浑身充满正能量。因而他们很难有强大的气场和蓬勃的生命力，自然也没有改变职业命运的能量。他们习惯在一点点的工作资源里慢慢享受，久而久之，他们的职业气场就会变得越来越弱，最后沦为办公室里最容易被大家忽视的人。

然而，总是有一些员工不明白只有不断学习，不断进取，奋发努力，才能使自己保持气场，增强气场并获得更大的成功的道理。他们总是觉得自己的工作已经做到了很好，进而自然就停下了继续学习、继续钻研的脚步，开始安于现状，放松自己。这样的想法和做法，只会让他们的气场渐渐变弱，让自己止步不前，甚至被淘汰。

张永凭借超强的采写能力进入了一家杂志社，由于工作出色，他备受领导重视，一度既晋职又加薪，成为了社里的红人。张永因此而自在非常，放松了学习的脚步，也抛开了进取的念头，只顾着享受当前的小成功去了。

后来由于杂志社陷入了一场席卷全出版行业的经济危机，杂志社必须要进行裁员才能维持生存，但让张永意想不到的是，一向工作业绩突出、备受器重的他竟然也在被裁员的名单中，而在采写上不如他的小孙却被公司留了下来。

气愤不平的张永找到了杂志社的领导，问其为什么开除一直很优秀的他，而留下技术平平的小孙，杂志社的领导却一脸无奈地回答他道："你在采写上的工作能力确实比小孙优秀，但小孙除了能干采写工作以外，还能干一些修图和制图方面的工作，能同时出任杂志社的美编、文编和广告部三个职位，经过决定，只有留下小孙而开除你了。"

听完领导的解释，张永没有再说一句话，灰头土脸地离开了。

宋代教育家程颐说过：懈意一时，也能自弃一生。

英国作家塞·约翰逊在《懒汉》中这样写道：进取是人生的要务。

"奋发进取"是一句必须要恪守的信言，职业人员千万不能认为它只存在于某个特定的职业发展阶段，它要伴随着自己整个职业生涯。

郭丽丽是一个很有事业心的人，她在一家业务公司跟着老板一干就是 3 年，从基层职员一直做到了分公司的总经理助理的职位。在这 3 年里，公司逐渐成为了同行业中的佼佼者，郭丽丽也为公司付出了许多，她希望通过自己的努力将公司带入一个更新的高度。然而就在她兢兢业业拼命工作的时候，郭丽丽发现老板变了，变得不思进取、变得“牛”气十足，老板对她也渐渐地不再信任了，许多做法都让她难以理解，郭丽丽也找不到昔日干事业的感觉了。

同样，老板也看郭丽丽不顺眼，说郭丽丽的举动使公司的工作进展不顺利，有点碍手碍脚。不久，老板把郭丽丽解雇了。

从公司出来后，郭丽丽并没有气馁，她对自己的工作能力还是充满了信心。不久，郭丽丽发现有一家大型企业正在招聘一名业务经理，于是她就将自己的简历寄给了这家企业。没过几天她就接到面试通知，然后便是和新的老总面谈，最终她顺利拿下了这一职位。工作了大约一个月时间，郭丽丽觉得自己十分欣赏新老总的气魄和工作能力。同时，她也感到新老总同样十分赏识她的才华与能力。在工作中，郭丽丽发现公司的企业图标设计相当繁琐，虽然有美感，但却缺乏应有的视觉冲击力，便大胆地向新老总提出更换图标的建议。没想到新老总也早有此意，便把这件事安排她去完成。为了把这项工作做好，郭丽丽亲自求助于图标设计方面的专业人士，从他们设计的作品中选出了比较满意的一件。当郭丽丽把设计方案交给总经理的时候，新老总大加赞赏，立马升她为自己的助手，薪水增加了一倍。

不断学习，奋发进取，才能不断进步，与时俱进，才能永远保持自己的气场，不被时代所抛弃。奋发进取不但决定一个人气场的强弱，决定你工作的好坏，决定你能否在岗位上长期立足，更决定你是否有所成就，是否能干出一番事业。

职场上的挫折绝不是员工懈怠工作的借口，相反越是挫折越需要百折不挠的勇气和毅力、鼓舞自己绝不后退、绝不停下进取的脚步。要记住，伟大的人生从创造中获取，强大的职业气场从磨炼中形成。磨炼是奋斗进取的催化剂，它能让职业人员的内心更加饱满，更有内在的能量来支撑自己去应对各种复杂的工作，从而提升自己的职业能力，锻造自己强大的职业气场。

6. 谦和虚心,低调同样有气场

什么样的人最有气场?很简单,他如果在一个场合,能受到很多人的欢迎,那他就是一个很有气场的人。而最受欢迎的,不是那些自做张狂、睥睨天下的狂人,而是那些谦和虚心,低调厚道的人。

奥地利心理学家奥博尼在一项研究中得到这样的结果:在所有高尚品德中,诸如善良、坚韧、乐观、谦和虚心等等,谦和虚心的人最得人喜欢。

瑞典前首相帕尔梅是位十分受人尊敬的领导人。他当时虽贵为政府首相,但仍住在平民公寓里。他生活十分简朴,平易近人,与平民百姓毫无二致。帕尔梅的信条是:“我是人民的一员。”除了正式出访或特别重要的国务活动外,帕尔梅去国内外参加会议、访问、视察和私人活动,一向很少带随行人员和保卫人员。只是在参加重要国务活动时才乘坐防弹汽车,有两名警察保护。

在 1984 年 3 月,帕尔梅去维也纳参加奥地利社会党代表大会,也是独自前往的。当他走入会场的时候,还没有人注意到他,直到他在插有瑞典国旗的座位上坐下来,人们才发现他。对他的举动,与会者称赞不已。和普通群众打成一片是帕尔梅为人的重要特点。帕尔梅从家到首相府,每天都坚持步行,在这一刻钟左右的时间里,他不时与路上的行人打招呼,有时甚至与同路人闲聊几句。帕尔梅和他周围人的关系相处得都很好。在工作之余,他还经常帮助别人,毫无高贵者的派头。帕尔梅一家经常到法罗群岛度假,和那里的居民建立了密切的联系,那里的人都将他看作朋友。他常常在闲暇时间独自骑车闲逛、铡草打水、劈柴生火、干些杂活,以此来联系和接触群众,使彼此之间亲如家人。

帕尔梅喜欢独自微服私访，去学校、商店、厂矿等地，找学生、店员、工人谈话，了解情况，听取意见。他从没有首相的架子，谈吐文雅、态度诚恳，也从不搞前呼后拥的威严场面。这些都使他深得瑞典人民的爱戴。

帕尔梅平易近人，他和许多普通人通过信件建立了友谊。他任职期，平均每年收到5万多封来信，其中三分之一来自国外。为此，他专门雇用了几名工作人员及时拆阅、处理和答复，做到来者皆阅，阅者均复。对于助手起草的回信，他要亲自过目，然后才能签发。这一切都使他的形象在人民心目中日益高大。帕尔梅首相府的大门也永远向广大人民开放，永远是为人民服务之处。在瑞典人民的心目中，帕尔梅是首相，又是平民；是领导人，又是兄弟、朋友。

一个人可能身居要职、声名显赫，也可能腰缠万贯、富可敌国，但是，终究也只是一个凡人。一位西方的哲人曾经说过："一滴水的最好去处是什么地方？那就是大海。"每个人都只是大海里的一滴水，所以，倒不如放下身段，谦逊做人，这才是做人的根本，也是那些谦和虚心的人有着强大的气场的原因。

谦逊不仅是一种为人的品格，而且也是一种做人的策略，更是一个人的美德。《周易·谦卦》中说："谦谦君子，卑以自牧。"意思是说，有道德的人，总是以谦恭的态度，自守其德，修养自身。一个谦虚的人总能获得周围人的认同和赞扬，从而使自己的社会交往更加游刃有余，谦逊的心态又会使自己具备一种认真做事的精神，更加踏实做事，使事情完成得更好，增强自己的业绩，提升自己的气场。

一个懂得谦逊的人，是一个真正懂得积蓄力量的人，谦逊能够避免给别人造成太张扬的印象，这样的印象恰好能够使一个人在生活、工作中得到更多人的支持和肯定，最后达到成功。

所以，别以为只有骄狂自傲、目空一切才能有强大的气场，才能震慑别人，谦虚的心态，和善的笑容，同样可以给你带来非同一般的气场，让我们都具有巨大的吸引力和影响力。

第四章

剔除你的消极，发掘职业正能量

消极情绪是气场能量的“死敌”，不剔除你的消极，你就发掘不出自己的职业正能量，也很难成为有强大吸引力的优秀员工。要努力克服自己的消极情绪，其手段包括保持积极的心态、主动地去做事、减少自己的抱怨等等，做到了这些，你就可以在职场上修炼正面的气场能量。

1. 心态不同，气场就不相同

气场是一种心态，外貌和道具固然也有作用，但最终还是发自于内心。有气场的人，别人尊重你、靠近你、被你所吸引，不敢随意忽视你、轻视你。不一定非要强大得像圣斗士的小宇宙，非要拒人于千里之外，非要一个眼神杀死谁，非要别人两腿发软战战兢兢，有一种正确的、良好的、积极的、阳光的心态，就足以修炼自己的强大气场了。

你从心里肯定自己，赞美自己，让自己自信而强大，你的气场就会与众不同，并散发于外。因为心态的力量非常强大，甚至令人惊奇。

这是他的一次真实经历。有一次出门旅行，他途宿于一个旅馆。睡至半夜，哮喘病发作。他靠坐在床上，感到呼吸困难、胸部憋闷。黑暗中，他摸索了好一阵子，才找到窗户。可是，任凭他怎么使劲，也无法将它打开。情急之下，他只得挥拳把窗子的玻璃击碎。顿时，一股凉爽的新鲜空气迎面扑来。他探身对着被击碎的窗口深深地吸了几口气，哮喘明显地减轻，于是又摸索着回床上躺下，不一会儿就安然入眠。

第二天清晨醒来后，他想起夜间发生的事情，赶忙查看到底是哪一扇窗子被他打破。奇怪，所有的窗户均完好无损。原来被他打破的竟是墙上那面挂钟的玻璃。

这个人的哮喘发作是事实，打破挂钟玻璃后，哮喘发作被控制了也是事实。而“治”他哮喘发作的那“一股凉爽的新鲜空气”却并不存在。这种

“想当然”其实就是一种心态的暗示。可见心态的力量有多强大。

积极的心态可以创造伟大的奇迹，甚至使濒死的人起死回生；而消极的心态同样力量惊人，足可以把一个天才变成傻瓜。成功学大师拿破仑·希尔认为，人与人之间之所以会有成功与失败的巨大反差，心态起了很大的作用。拿破仑·希尔说我们每个人都佩戴着隐形护身符，护身符的一面刻着PMA(积极的心态)，一面刻着NMA(消极的心态)。积极心态可以创造成功、快乐，使人达到辉煌的人生顶峰；而消极心态则使人终生陷在悲观沮丧的谷底，即使爬到巅峰，也会被它拖下来。因为这个世界上没有任何人能够改变你，只有你自己能改变自己；你的气场的强弱，你的气场能否指导你成功，也不由其他任何人决定，而在于你自己。而关键就在于你拥有什么样的心态。

艾莉斯女士是位年轻的天才歌唱家，有家唱片公司邀请她出演一出歌剧。这次演出非同寻常，以至于她都为此惴惴不安。她在此前曾有三次在导演面前试唱失败的经历，每次经历都让她痛苦不堪，每次失败都加重了她内心的恐惧，让她在下一次试唱时背负更大的压力。艾莉斯的嗓音非常好，可是她每次都怀疑自己，总担心轮到自己试唱时，会唱得一塌糊涂。她怀疑自己难入戏，担心导演不喜欢自己，因为她觉得他们会认为她的“破嗓子”很丢人现眼。她的潜意识接受了这种消极的自我暗示，并把它当作命令一样去执行。潜意识调控了她的身体，让她在演唱时不知不觉就把这种观念变成了现实。她的恐惧化成糟糕的表演、情绪，主观设想变成了现实。

幸好，艾莉斯遇到了一位非常棒的心理医生，这位医生帮她克服了消极自我暗示带来的影响。医生让她用积极的自我暗示来对抗消极的自我暗示：每天早晨和晚上，分两次把自己关在一间安静的小屋里，小屋的中央有一把非常舒服的椅子。她坐在上面，放松身体，闭上眼睛，身体和心灵都在这一刻归于平静。因为生理上的低兴奋水平可以让心灵更容易接受自我暗示。她对自己说道：“我的歌声优美而动听，我的仪态优雅而自信，我的心智机智又冷静。”每天，她都要反复地重复十遍，一个星期的时间，她成功地让自我暗示发挥了作用，在那场关键而重要的演出中，她获得了空前的成功。

心态不同，气场也就不同，结果也就不同。大多数气场强大的人都有一个共性，即他们都善于进行积极的自我暗示。一个气场强大的人，未必是能力最强的，但是通过积极的心理暗示，他却能够获得一种自信。这种自信的力量引导着他超越自我，战胜重重的阻碍，勇敢地改变自己的命运。

威尔逊已经28岁了，正是年富力强的年纪，不过，他却像一个垂暮的老人，每天都无所事事。一直以来，虽然他的幻想很美好，但是他始终没有过上自己理想的生活。他不思进取，好吃懒做，不得不靠失业救济金生活。他没有工作，只是躺在公园的长椅上，感叹命运的不公。

有一天，约翰兴致勃勃地找到他，告诉他一个天大的好消息："昨天，我从杂志上看到一篇文章，文章说拿破仑有个孩子辗转到了美国，并且还在美国生了好几个儿子。根据杂志上的描述，我发现你应该就是拿破仑的孙子，因为你的个子也比较矮小，而且还能说一口带法国口音的英语。总而言之，你符合文章描述的所有特征。"

威尔逊震惊了，他半信半疑地问："果真如此吗？"虽然心中有所怀疑，但是他还是愿意把这一切当成是真的。他非常高兴，用自己所有的钱好好地招待约翰美餐了一顿。从此，威尔逊觉得自己似乎变了一个人，每天他都念念不忘"我是拿破仑的孙子"。日久天长，这坚定的意念使威尔逊坚信自己就是拿破仑的孙子。毋庸置疑，他的整个气场都因为他自以为是的身份而发生了改变。

从前，他总是因为自己的英语发音不标准而觉得自己像是一个人人讨厌的乡巴佬，现在，他却为自己能说一口带法国口音的英语而倍感自豪。从前，威尔逊总是因为自己的身高而感到自卑，现在，他却觉得矮小的身材是自己的骄傲。他告诉自己：

“我爷爷就是靠这样的形象指挥千军万马的！”为了不辱没自己的身份，威尔逊决定振作起来，开创属于自己的事业。由于是白手起家，他遇到了很多不可预见的困难，因此，他经常鼓励自己，在拿破仑的字典里是没有“难”字的。就这样，凭着“我是拿破仑的孙子”的信念，他战胜了重重困难，开创了属于自己的事业。如今，威尔逊已经成了一家知名企业的董事长，为了纪念曾经的贫穷生活，他在自己贫穷时经常闲逛的那个公园对面盖了一幢摩天大厦。

转眼之间，威尔逊的公司已经成立十周年了。为此，他请人去调查自己的身世，但是，调查结果却表明他和拿破仑之间没有任何关系。不过，威尔逊并没有因此而感到沮丧，他说：“如今，我已经不在乎自己是否是拿破仑的孙子了。我明白了一个道理：当你相信时，它就是真的，这才是最重要的。”

心态的力量无比强大。当向上的信念指引你的行动时，你就能够抵达自己所向往的高度。当有人告诉你你今天看上去气色很好，你也许一天都会精神饱满、斗志昂扬；当你的工作能力受到质疑，你就会无比沮丧，甚至开始怀疑自己；当你打开电视，看到那些充满诱惑力的广告，你就会产生消费的冲动；在琳琅满目的商场里，当你看见精美的包装，你就会想当然地认为里面的东西一定价值不菲。其实，这些都是心态在起作用。

心态是气场的基础，心态的好坏决定着气场的强弱，而气场的强弱又跟人的命运有着直接的关系。有什么样的心态，就有什么样的状态。因而要想使自己的状态最佳，使自己的气场最强，就一定要修炼自己良好的心态，提升积极的气场，每天都满怀希望，心情愉悦，从而形成积极的气场能量。这样一来，积极的气场能量就会帮助你实现自己的期望。不管是从你的言行举止，还是从你的表情神态，周围的人都能感觉到正面的力量，从而使积极的气场能量在你身边环绕，直至帮助你获得成功。

2. 消极情绪妨碍你的气场

谁都不可能在工作岗位上一帆风顺。工作上总会存在着这样或是那样的问题,这些问题也很容易诱发出职业人员的负面情绪。负面情绪会让职业人员在工作中越来越没有耐心,做事急躁,削弱了自己的职业能力,也会破坏到自身的职业气场。

马玉琴今年43岁,中专毕业,在建筑设计院从事制图工作。算起来,她在制图岗位上干了近20多年了,在工作中勤勤恳恳,任劳任怨,唯恐自己工作不好受到领导和同事们的批评指责。但去年科室分来一个搞制图设计专业的大学生,这个大学生泼辣能干,运用新知识新技术的能力让马玉琴感到了莫大的危机。

不久,单位在人事制度上实行定编、定岗、定员的内部改革,听说搞制图的也要裁去一人。马玉琴把自己与公司里的同事逐一作了比较,沮丧比任何时候都来得强烈——数她的年纪大,数她的学历低,这次裁员不裁她裁谁?她的心中自卑极了,吃不下饭,睡不着觉。工作中注意力也集中不起来,好几次出现了计算错误,这在她几十年的工作中,是没有过的。

为迎接国庆,单位举办歌咏比赛,原则上,所有的人都要参加。但马玉琴看到科里年轻人有十来个,另外自己嗓子也不好,也就没报名参加。后来领导又动员她参加,她也就和大家一块参加排练了。没想到,科里有几个人当面说她是为得那套演出服而参加的,还有些人也在嘀嘀咕咕,眼光怪怪地看着她,一气之下,她退出了演唱组。任科主任再怎么动员,她也不参加了。

最终,被裁掉的果然是她。早已料到的结果,接受起来,倒是容易多了。但主任找她谈话时,她才终于明白,不是自己应当被裁，而是自己的自卑让自己被裁的。主任说，本来是考虑你留下的，因为你资历老，工作经验丰富，而且工作一直认真负责，踏实肯干，很少出错。但考察期的表现太让人失望了。多方权衡之后，才最终决定裁减你。马玉琴这时才知道，是自己的自卑惹下的祸端！

自卑是一种消极的心理状态，是实现理想的巨大心理障碍。自卑的人往往是失败的俘虏，严重的自卑可以导致心灵的扭曲，并走向消极。所以，不要让自卑腐蚀心灵，而应当让自信照亮自己的人生。

当然，负面情绪绝不仅仅只是自卑，还有消极、沮丧、抱怨、抑郁、愤怒、懒散……都是职场中常见的消极情绪，这些消极的情绪组成消极的气场，让心灵蒙上灰尘。许多原本优秀的员工因为这些负面情绪的腐蚀而沦入平庸的行业，甚至被职场所抛弃。

职业人员长期处在负面情绪中，身体里就一定会产生很多负面的能量，这些负面能量会伤害到自己的职业气场，最后职业气场也就变得越来越负面了。负面情绪会让一个有强大意志的员工消沉下去，让一个有理想有追求的职员感到困惑和迷茫。同时，职业人员身上散发的负面能量也能引来一些同样负面的朋友，彼此之间交流愈多自己的情绪就会愈加负面，最后自己的职业人生就会被完全地毁掉。

工作上的负面情绪，像瘟疫一样毒害着员工的灵魂，并且互相感染和影响，极大地阻碍着员工正常潜能的发挥，使很多人丧失了工作的激情，渐渐地成为职场上最散漫的人，最后，不是被冷落，就是被开除。这样的教训不可说不深刻。

“烦死了，烦死了！”一大早就听到尤媛在不停地抱怨。一位同事皱了皱眉头，不高兴地嘀咕着：“搞什么东西，本来心情好好的，被你这么一吵也烦了。”尤媛现在是公司的行政助理，由于事务繁杂，忙起来时让她感到烦躁，可谁叫她是公司的管家呢，事无巨细，不找她找谁。

其实，尤媛性格开朗，工作起来认真负责，虽说牢骚满腹，该做的事情，一点也不马虎。设备维护、办公用品购买、订客房……尤媛左支右绌，整天忙得晕头转向，恨不得长出三头六臂。

刚交完电话费，销售部的小张来取工资单子。尤媛很不乐意地说道："前天你就来要过了，现在又来，我很忙的，你就不能歇一歇吗?"抽屉开得噼里啪啦，翻出一张单子，拍在桌子上，说："以后单子要扎堆儿领!"小张很不好意思，忙赔着笑脸，灰头土脸地离开了。

不一会儿，财务部的莉娜急切地冲了进来，原来复印机卡纸了。尤媛脸上立刻晴转多云，不耐烦地挥了挥手说："知道了，真是烦，填好保修单再来找我。"尤媛拿出表格，重重地拍在办公桌上："你先填一下，我去看看。"尤媛边往外走边嘟囔："搞行政的就是累，嘿，综合部的人干什么吃的，什么事情都要我来办，真是的!"虽然很多同事受不了她的坏情绪，但是都还得找她帮忙，整个公司的正常运转也还是离不开尤媛。

有时候被尤媛呛得下不来台，很多同事也不愿意说什么。怎么说呢？她不是应该做的都尽心尽力做好了吗？可是，那些"讨厌""烦死了""不是说过了吗"……实在是让人听了不舒服。特别是同一办公室的人，尤媛一叫，他们头都大了。"拜托，你能不能控制一下你的情绪?"这是大家的一致反映。年末的时候公司民主选举先进工作者，大家虽然觉得这种活动老套可笑，可暗地里却都希望自己能榜上有名。奖金倒是小事，谁不希望自己的工作能得到肯定呢？领导们认为先进工作者非尤媛莫属，可一看投票结果，70 多份选票，尤媛只得了 14 票。有人私下说："尤媛是有些工作能力，但是她在工作中总是有负面情绪，别人也不待见她啊。"尤媛很委屈："我累得半死，谁能理解我呢……"

可以肯定，尤媛即使比现在还累十分，也难以得到大家的理解和欢迎。因为她无尽的抱怨已经像毒药一样腐蚀了她的心灵，让她看不到光明和灿烂，也让同事们对她敬而远之，对她的抱怨不以为然，对她的能力也会视而不见。一个不受大家待见、得不到大家的尊重和佩服的人，有何气场可言，又有什么前途可说呢？即便你再有能力，没有一个好心态也不行。可见，一个员工的优秀想要被别人肯定，光靠能力是远远不够的，最重要的是要让别人感受到他积极的职业气场，这就需要他控制自己的负面情绪远离负面气场，不受负面情绪的侵袭。

如何防止被坏情绪“传染”呢？心理专家们认为，这是要考验智慧和心理素养的。心情愉悦时，人体能分泌更多的内啡肽，使人更加快乐健康。而一些小动作可以让你避免受到负面情绪的传染：

(1)远离激怒的现场

火气上来时一个眼神、一句话都可能会成为导火线。所以，三十六计，走为上策。

暂时冷静后，再仔细想一下，也许你会发觉一切没什么大不了的。沉默一分钟，一分钟的时间是微不足道的，但在发生事端前暂停一分钟也是非常宝贵的。

就像美国第三任总统杰弗逊说的那样：“先数到 10，然后再说话，假如怒火中烧，那就数到 100。”绷紧的弦就会稍稍地松弛下来。

在遇到倒霉事情的时候，你会越想越气愤，那个时候你就不如把那件事情丢开，去看看电视，唱唱歌，洗个澡，做一些轻松的事情，你会渐渐地发现原来生活可以这么美好。

(2)学会寻找快乐

心理学研究发现新鲜感会让我们心情转好，比如换换发型；重新布置工作桌；购买一些新奇的物品和摆设，即便这些东西并没有多少实用性。

如果你的怒气膨胀起来，你可以把自己单独关在一间房屋里或者是跑到没有人的空旷的地方，任意释放怒气。

运动也是治疗抑郁的无药良方，如果能定期运动更能改善心情。对于职场白领来说，即便工作繁忙也完全可以在工作中时运动，比如能骑车就不开车；能爬楼梯就不坐电梯等。

(3)避开别人的传染

身边的确有一些人，会在某一些时候不知不觉陷入一种“抱怨”的怪圈。愁眉苦脸地坐在你对面牢骚不断，如果你好心帮他们出主意，就会一次一次地撞在一堵厚墙上。

“可以先进修嘛。”“我哪里有时间进修啊，下班已经累得半死了!”他们气呼呼地列出一系列理由,反驳你这个不行,那个也做不到,反正就是没办法!那种沮丧的低气压能让人好几天缓不过劲来,让自己的气场也随之弱下去。“唉,是啊,你可真不容易。哎,你看见我的车钥匙了没?”如果对方继续说,“你难道不觉得我们老板真的很极品吗?”就说,“哎,我是不是把它落车里啦?我得去看一眼。”起身离开。别让他的坏情绪传染到你。

如果对方是你十分关心的人,你希望把他往建设性的方向推一推,也愿意为此付出更多的努力。你不妨这么说:“我觉得你特别需要从我这里获得一些支持,但老实说,我不知道怎么才能真的帮到你。能不能告诉我你到底想要什么?记住我总是在这里支持你的。”这样,别人的坏情绪就很难影响到你。

坏情绪就像一个传染源,会在周围迅速地蔓延开来,影响人们的生活和工作。因此,不管是家人、朋友,还是同事,谁都不想和一个悲观绝望的人打交道。对于一个携带负面情绪的人来说,他们很难控制自己的负面情绪,总是不知不觉地在表情和言行举止中流露出负面情绪,导致对方也因此而感受到你的紧张、焦虑、沮丧、愤怒、痛苦、悲伤等情绪。在负面情绪的影响下,气场的能量逐渐减弱,气场的色调也会变得灰暗。所以我们一定要记得远离这些不良情绪,让自己一直保持良好的心态,才能真正打造自己的正面气场,让自己的职场之路走上康庄大道。

3. 剔除消极,努力发掘职场正能量

气场的最大敌人不是别的,而是消极颓唐,萎靡不振。“萎靡不振”往往使人完全陷于绝望的境地。一个年轻人如果萎靡不振,那么他的行动

必然缓慢，脸上必定毫无生气，做起事来也会弄得一塌糊涂、不可收拾。他的身体看上去就像无骨一样，浑身软弱无力，仿佛一碰就倒，整个人看起来总是稀里糊涂、呆头呆脑、无精打采，哪有半点气场可言？

消极的气场，只会让你陷入更加消极的生活里去。只有那些不畏消极、懂得从自己的工作和生活中剔除消极、积极努力地去发掘生命中的正能量的人，才能真正建立起自己的强大气场，不论在任何时候都不会轻易地向命运低头，向困难屈服，他们才是最有气场的人。

琼留着红艳欲滴、修剪精致的长指甲，她已经40多岁，但双手滑嫩宛如16岁少女，桑纳真想把自己那只满是皱纹、指甲粗短的手藏在口袋里去，但琼会抓住桑纳的手，把她拉近，与桑纳窃窃私语，在朋友的亲密中，桑纳忘掉了手的粗鄙。琼就是这么活力四射。琼住在疗养院，和桑纳继父安迪同一楼层。安迪刚搬进来时，是琼接待的，指点他门路，把他介绍给其他住户，并给他信息，哪些管理人员可以找，哪些该敬而远之。

琼的病是机能退化症，病况恶化得很快，桑纳认识她的时候，她已经要绑在轮椅上才能坐直了。有些日子，她会把指甲掐入手掌心，死命地喊着要多吞几颗止痛药。她丈夫早就离开她了，知道她有病之后就再也没有出现过。她没有子女，后来有男朋友叫约翰，他中风过，说话有很大问题，他们常常在日光室坐着，手握着手，依然很幸福。在琼过世之前，桑纳问是什么力量支持她活下去，她说："猫王的福音音乐，还有祷告。"

在这种情况下，一般人早就发疯了，而琼却选择乐观的心态。一个人活在人间地狱的煎熬中，却一心要在地狱里找出活下去的意义，再没有什么比这种精神更打动人心了，因而每一个认识琼、了解琼、理解琼的人，都被她这种坚强的意志和顽强的毅力，被她身上发散出来的正面的能量所吸引、所感动、所征服。想想有一天我们也很可能遭遇重大不幸，也许没有一个人能和琼一样，在黑暗的人生旅途中匍匐前进。

在生活中，悲观、失望、沮丧这样的消极情绪，每个人都会有，但这不是我们消沉下去的理由。一个气场强大的人，一定有勇气剔除这些消极的因素，并从自己的生活中积极地发掘出正能量的人，他们不畏悲伤，不会悲观，更不会沮丧和绝望，他们都会像琼一样，发掘自己最多的正能量，让自己拥抱阳光。

要知道，一味沮丧和消极往往会带来更残酷的现实。虽然悲观沮丧是人类的正常心态，但如果长期逃避和否定自己，陷入持续的沮丧之中不能自拔，又习惯把责任一股脑儿全推给别人，这样的人大都是缺乏勇气和能力承担不幸的人。

消极悲观的人大都在各自挣扎，并很想求助于别人，可是孤独和害怕被拒绝的心理使他们往往不敢冒险求人。由于自卑，他们无法正视自己的脆弱，只好以假装快乐的方式来掩饰自己。因此，除了配偶和孩子等家中亲人，周围的人往往都无法了解他们的内心世界，被他们的消极气场所影响，因而也难以给他们切实的帮助。事实上，他人即使知道了他们情绪上的沮丧，也常常会显得无能为力。

消极的人灰心是很自然的。一个人辛辛苦苦在奋斗，其理想不论是大是小，如果他不能获得事业的成就感、家庭的幸福感，是不会感到快乐和欣慰的。他会不断地自问："我得到的是什么？"这时如果不能及时调节、克服消极情绪，就很容易产生"不死就知万事空"的感觉。

消极者的气场常常会扩大生活的不幸。所以对被沮丧气场困扰的人来说，很有必要接受一定的心理治疗。但这些人又常常不愿意承认自己有心理问题，对心理咨询和治疗持拒绝排斥的态度，这就不可避免地对工作生活、婚姻和家庭造成进一步的破坏。

有的人在消极中形成了对他人冷漠的气场，这样不但无助于的气场，无论在肉体上、精神上都将进一步影响自己的情绪，使自己无法坚强地面对现实。

所以说，我们要像对待所有不幸后果一样，对于不幸带来的沮丧、悲观甚至绝望这样的消极情绪，要学会振作起来，学会剔除这些负面的东西，发掘正面的能量，找到积极的因素，以勇敢的、奋进的态度去面对现实中的一切挫折和困难。

气场强大的人，就在于他们能够以开放的心理接受各种情绪的影响，具有较强的情绪承受能力，并能通过适当的途径克服消极情绪所带来的困扰，巧妙剔除这些负面的影响，对生活充满希望信心，从而以顽强的姿态征服生活中的各种艰难险阻。

4. 积极气场从主动做事开始

多数人在职场上总是在等待好的事情发生，或是等待别人来关心自己，等待好的时机来临，如此身上怎么可能滋长出积极的气场呢？聪明的职员会懂得积极主动地找寻找机会，先去投资，先去工作，机会早晚会来临。只有职员的积极主动，方可战胜身体里的负面气场，修炼强大的正面气场，并在适当的时候展示自己，使自己获得赞赏和肯定。

因此，你要想让自己的职业气场足够积极，就必须先从主动做事开始，被动的员工是很难做出出色的工作，因为习惯了被安排，缺了主动工作的气场能量。所以要想修炼职业的积极气场，就要先从主动做事开始。积极主动，自动自发，看到事情就做，而不是总在等待命令，等老板的吩咐。一个主动做事的员工，不仅首先有积极的心态，而且主动做永远比被动做心情愉快，也就更能取得成绩，赢得肯定，使自己气场更强。

5. 在职业词典中删除“不可能”

优秀的员工是对“不可能”这三个字有很高的敏感度，他们认为这三个字会伤害自己的工作激情，破坏自己的职业斗志，所以他们尽量在自己的职业字典中删除“不可能”这三个字，让自己拥有最积极的情绪来面对很多未知的工作。也因为此，他们的职业能力提升得要比普通员工快，他们的职业气场也会超于常人。

福特公司历史上有一个非常著名的团队，这个团队里的每一名员工都是杰出的汽车引擎工程师，他们在同行眼里浑身都散发着强大的职业气场。

他们的成功是从一次历练中开始的，当初，亨利·福特准备制造 V—8 汽缸引擎时，指示这个团队里的工程师要把 8 个汽缸放在一起。

福特的想法超出了他们职业经验的范围，他们非常不可思议地说："8 个汽缸放在一起，汽车史上都没有过这个例子，这是一件根本不可能的事情。"

福特是一个非常执拗的领导者，喝令着他们："世上就没有不可能的事情，无论如何你都要给我做出来。"

他们还是摇着头，说道："但是，这真的是不可能的事情啊！"

福特不耐烦了，说："立刻去做，无论花多长时间和多少钱，你们都必须要做出来。"

他们只好硬着头皮去做，他们非常清楚福特的管理作风，违背他的命令，很可能就会被"扫地出门"。

半年过去了，他们的研究毫无进展；又过了半年，他们还是毫无收获。他们费尽了心思，想尽了他们能想到的办法，都没有成功。有很多成员很想放弃，但是不敢提出来。又过了一年，他们再次来到福特面前，恳切地说："这真的不可能，我们白白浪费两年时间了。"

"接着做！"福特的口气一如既往地坚定，"我要的就是 V—8 汽缸引擎，一定要做出来！"

他们只好又做了起来，这一次，他们在经历了很多次失败以后，终于做了出来，V—8 汽缸宣告诞生。这个引擎出现在市场上以后，得到了很好的反响。因此，他们成为了世界上最著名的工程师，他们所在的团队几乎代表了国际发动机最先进的研发水平。

他们的职业气场是从何而来的呢？他们起初也不过只是福特公司里的一些普通的研发人员而已，可是他们遇到了亨利·福特这位近乎苛刻的上司,逼迫他们在自己的职业字典里删除“不可能”,他们的工作上必须要给自己一个肯定的动机,最后他们终于做到了。他们在工作中不得不无数次地对自己说“我可以”,在这个过程中,他们强化了内心的素质,给自己一个内在的力量去在岗位上奋斗,这个奋斗让他们积蓄了很多的能量,最后演变成了他们强大的职业气场。

当一件人人看似“不可能”的艰难工作摆在职员面前时,千万不要抱着“避之唯恐不及”的态度,更不要花过多的时间去设想最糟糕的结局,要是在内心中不断重复“不可能”的念头,这就等于是在预演失败了。给自己一些压力,在压力中增加工作的欲望,勇于尝试,积极寻求解决方案,就能将“不可能”变成“可能”。

如果有一个只有19岁的穷大学生告诉你,他要凭自己的能力在一年之内赚到100万美元,你会相信吗?可能很多人会笑着摇头,说:“这怎么可能,绝不可能!”但是就是这个大多数人认为“绝不可能”的事情,却有人真的做到了。这个人就是孙正义。孙正义在美国留学时,只是一个个子矮小的穷学生,但是他却在自己19岁时制定了50年的人生规划,其中的一条,那就是要在40岁前至少赚到10亿美元。而第一步就是要在一年内赚够自己的第一桶金——100万美元。那么,他是如何利用智慧赚到人生第一个100万美元的呢?

当时的孙正义,是一个名副其实的“穷光蛋”,连最基本的生活费都解决不了。但是在他心中却有着伟大的目标和梦想,他觉得只要自己努力,没有什么不可能的事情。迫于生计,他也曾想过到快餐店打工,但又觉得这与自己的梦想差距太大。左思右想之后,他决定向松下学习,通过创造发明赚钱。于是,他逼迫自己不断想各种点子。一段时期内,光他设想的各种发明和点子,就记录了整整250页纸。

最后,他选择其中一种。他觉得制作一种“多国语言翻译机”,肯定能产生很大效益。但这时问题马上来了:他不是工程师,根本不懂得怎么组装机子。于是,他向很多小型电脑领域的一流著名教授请教,向他们讲述自己的构想,请求他们的帮助。

虽然大多数教授拒绝了他，但最终还是有一位叫摩萨的教授答应帮助他，并为此成立了一个设计小组。而且没有一分钱的孙正义，凭着自己的这个好点子，争取了一些教授们的投资，他们签订合同，等到这项技术销售出去后，再给他们研究费用。

结果这一产品研发出来后，被一家大公司看好，并高价买断，使得孙正义很快就实现了自己的第一个愿望，顺利地赚到了100万美元。

很多时候，我们都容易被“不可能”吓倒，可是那些“不可能”的事情并没有那么可怕，也许它只不过是内心消极情绪的暗示而已。你得打破这个暗示，让自己有一些压力，让自己“非做不可”，这样信念和勇气也会随之而生，有了这些，很多“不可能”的事情就变得不再那么困难，慢慢地，也就变成了“可能”的事情。

你要让自己的职业气场很有魅力，就不要在“不可能”中消磨掉自己的工作激情，要在自己职业字典中删除“不可能”，给自己一个无比坚韧的内心！

心理学家研究表明：如果一个人将思维聚焦在“怎么可能”的怀疑上，那他的潜能就会受到一定程度的限制，最终把原本有可能实现的东西扼杀在摇篮之中；如果我们能够将智慧聚焦在“怎么才能”的思索上，让我们的脑力机器积极地开动起来，则会把各种“不可能”变为可能，从而改写历史，改变命运。

当你遇到一个难题的时候，不要想都不想就说“不可能”，很多事情都是因为人们从一开始就否定自己而最终变成自己的遗憾的。我们应该学会打开僵局，凡事多以积极的眼光对待，删除你的工作字典中“不可能”，那么一切的“不可能”都会变成“不，可能！”

6.

把抱怨换成改变，战胜职场负能量

抱怨是一种致命的消极心态，一种杀伤力很强的恶习。

抱怨，就像一种慢性腐蚀剂。经常抱怨的人会变得消极，不思进取，既影响自己的心情，也影响人际关系，更阻碍自己的事业发展。

抱怨，还会让人陷入可悲的恶性循环之中：越是觉得自己“不幸”，越是觉得环境“不公平”，自己就真的会对一切人事都感到无能为力，从而让更多的“糟糕”和“麻烦”找上自己，体现在现实中，自己也就会越来越缺乏自信，越来越自暴自弃，甚至越来越小肚鸡肠，心理阴暗，见不得别人的成功与幸福。

一个人一旦养成抱怨的恶习，他的人生就会暗无天日，烦恼无比，他的热情会被消磨，他的意志会被侵蚀，他的精神也会被抱怨这个魔鬼所吞噬。一个喜欢抱怨的人，也必定是一个缺乏责任心的人、喜欢找借口的人。抱怨，如同职场中一位可怕的隐形“杀手”，它让很多人失去了进步的动力和能力。所以，不要抱怨，抱怨对于你的处境不会有任何益处，反而会毁了你的人生。

孔雀向王后朱诺抱怨说：“王后陛下，我并非是无缘无故地抱怨。您看那黄莺小精灵，唱出的歌声美妙婉转，它独占春光，出尽了风头。但是，却没有人喜欢听您赐给我的这副优美的歌喉。”

听了孔雀的抱怨，朱诺严肃地说：“嫉妒的鸟儿，你赶紧闭嘴吧！你是如此美丽，你难道还要嫉妒黄莺的歌声吗？你的脖子上系着一条七彩还长着一身五彩斑斓的华丽羽毛，当你行走的时候，就好像是钻石在波光流转。在这个世界上，没有任何一种鸟能像你这样能博得众人的喜爱。我必须奉劝你，千万不要抱怨，否则，你就会失去美丽的羽毛。要知道，没有一种动物能够具备世界上所有动物的优点。我之所以赐给大家不同的优点，就是希望大家彼此相融，各司其职。”

孔雀被嫉妒遮住了眼睛，它只看到黄莺清脆的嗓子占尽春光，却不知道其他动物也在羡慕它那身华丽高贵的羽毛。由此看来，抱怨是因为不知足，没有发现自己的优点，而不是因为别人有让自己羡慕的地方。所以，不必抱怨，而是要发现自己的优点，让自己自信并且努力起来。抱怨困境、抱怨工作、抱怨自己，有什么用？只会让自己的情绪更低落，气场更弱。谁抱怨，谁受伤，谁抱怨，谁一无所有，除此之外，不会再有什么其他结果。

一家汽车修理场新招了10名汽车修理工，其中一个就是杨俊。他从进厂的第一天起就开始喋喋不休地抱怨，说什么“干这行太脏，瞧瞧这身上弄的”，什么“真累啊，这简直不是人干的活”……

杨俊每天都在抱怨和不满中度过。他认为自己就像奴隶社会的奴隶一样靠出卖苦力在维持生计，认为他的人生就是在忍受煎熬。基于内心有这样的想法，他每时每刻都窥视着师傅的行动与眼神，只要稍有机会，他就会偷懒耍滑，应付工作。

转眼一年过去了，与杨俊一同进厂的几个工友都各自凭借自己出色的手艺得到了重用，有几个还被送进大学进行了深造，而唯独杨俊，在他的怨声载道中，因为对客户的车维修不到位，致使修理厂蒙受损失，最终被解雇了。

可见，抱怨的最大受害者是自己。抱怨的人颓废萎靡、消极怠工、偷奸耍滑、懒散懈怠，他们很少积极想办法解决问题，也从来不会意识到主动独立地完成工作、提升自己的能力，却始终将诉苦、抱怨视为理所应当。这种人除了把大好的青春和大把的精力浪费在无所事事、岁月蹉跎中之外，注定将一无所获。

抱怨不能使我们挣更多钱，也不能使我们工作更轻松，更不能使人们认可我们的“苦劳”，它只能在所有人面前“彰显和强化”我们的无能，削弱我们的气场。抱怨没有任何用处，而且抱怨越多，结果越糟糕！

在生活中，假如我们不能很好地控制自己的气场能量，就会使自己的运气越来越差。当一个人只知道抱怨命运或者身边的人，就没有精力用来努力地改变局面。在抱怨的过程中，他更加坚定地相信自己是不幸的，从而对自己形成消极的暗示，最终导致自己的气场中充满着负面能量，不幸接踵而来。正是因为如此，失败才会紧随抱怨连天的人，而且使他的运气越来越差。

既然抱怨是这样致命的一种恶习，这样具有杀伤力的职场恶魔，我们为什么还要抱怨呢？与其抱怨薪水太少，不如想方设法让你的工资信封变厚；与其抱怨老板太吝啬，不如努力成为公司里最会赚钱的人；与其抱怨加班太频繁，不如在八小时之内完成你的工作；与其抱怨公司没有提供发展平台，不如打造自己的核心竞争力……其实，在每一种貌似合理的抱怨背后，都有一种更好的选择，那就是——改变。

抱怨不如改变，改变带来奇迹。

“老板真不够意思，我跟着他干了几年啦，工资还没有涨过！这样工作下去，实在太没劲了，我真不想干了！”一位年轻人怒气冲冲地把自己对老板的怨言一股脑儿地说给自己的哥哥听。

哥哥静静地听着弟弟的抱怨，充满关心地看着他，一直等到他诉说了一大通后，才平静地对他说：“我觉得你现在已经养成了抱怨的坏习惯，这对于你的成长很是不利。如果你保持这样的心态，即使不在这里干了，到别的公司，还是会遇到现在的问题！你唯一应该改变的是自己的心态，不断地提升自己的能力，而不是一味地抱怨和挑剔公司！”

哥哥的话，对年轻人犹如当头棒喝，年轻人陷入了沉思。是啊，如果总是抱怨公司给自己的钱太少，却没有反省为什么老板不给自己涨工资，那么，即使换一百份工作，薪水又能涨到哪里去呢？

于是，他从此开始改变自己，努力把现在的工作做好，不断地提升自己的能力。就这样，通过自己一步一个脚印的努力，他越来越受到公司的重用，薪水也不断地上涨。

后来，这位年轻人离开公司，自主创业，成为了享誉世界的著名企业家。他的名字叫稻盛和夫，日本高科技时代最著名的企业领袖，被世人称为“经营之神”。

抱怨绝不能改变一个人的命运，如果把抱怨变成善意的沟通，如果把抱怨变成积极的建议，如果把抱怨变成正面的行动，你就会发现，你的信心越来越足，你的气场越来越强，你离成功也会越来越近。

所以，不要再抱怨了，开始改变吧！改变才能努力，改变才能收获，改变才能成功，才能使自己的气场充满正面能量。当我们不再像鸭子一样喋喋不休，抱怨不停之后，我们已经成为展翅高飞越过人群的鹰；当我们把抱怨的话语变成努力的行动时，成功就在前面不远！

抱怨是解决不了什么问题的，与其抱怨，不如改变，懂得改变自己或改变周围环境的人，就能拥有充沛的精力来战胜职场上的负能量，成为真正的职场强人。

7.远离负气场，融入正气场

职场上那些有强盛正气场的人，当你靠近他们的时候，当你听他们智慧幽默的语言时，你就会燃起职业的热情和希望，内心会很喜悦，你也很容易就拥有强大的正气场；而那些极度消极的人，当你走近时，你就会被他们消极的情绪所传染，你也会变得意志消沉，内心也越来越阴暗，你的职业气场也会变得越来越负面。所谓“近朱者赤，近墨者黑”就是这个道理，优秀员工最是懂得远离身边的负气场，融入正气场。

许宁的人缘特别好，不管走到哪里，都有一大群人围着她。在朋友圈中，许宁是最受欢迎的倾听者，不管是谁，有了烦恼和忧愁的时候都愿意向她倾诉，有了快乐和喜事的时候也都愿意与她分享。当然，许宁这么受欢迎是有原因的，她不仅具有亲和力，而且总是能够为朋友严守秘密，急朋友之所急，想朋友之所想。

但是，日久天长，许宁发现自己的生活陷入了恶性循环之中。原来，许宁生活中的绝大多数时间都被朋友们占据了，根本没有时间处理自己的问题，生活也受到了很大的影响。刚开始的时候，朋友们总是选择在午餐和下班后逛街购物的时间向许宁倾诉。但是，随着越来越多的人加入了许宁的朋友圈，现在，几乎每天都有人找许宁倾诉烦恼。许宁几乎没有时间做自己的事情，即使上班时间，手机也是响个不停。为此，她想找个借口躲开，但是又担心伤害朋友们的感情。就这样，她一边耐心地倾听着朋友们的倾诉，一边在心里为堆积如山的工作心急如焚。最糟糕的是，很多朋友都把许宁当成了情绪的垃圾桶，她们总是习惯于向许宁抱怨、哭诉。时间长了，许宁的心情也变得越来越低落，情绪也变得越来越暴躁：每天早晨上班，看到繁重的工作，许宁的耳边就会响起朋友们的抱怨，根本没有心情和精力工作；每天下班回家见到老公的时候，她就会不自觉地担心老公会不会精神出轨，甚至肉体出轨，因此疑心越来越重，弄得丈夫的压力也很大，苦不堪言；每当看到领导的时候，许宁原本想象从前那样热情地和领导打个招呼、聊聊天，但是眼前却像放电影似的浮现出朋友们说的领导的那些“丑事”，因此心中便充满了厌恶。这样的情绪让原来气场强大、人人喜欢的许宁像换了个人似的，人人看她不同往日，她看别人也与以往不同。如此一来，许宁渐渐地被边缘化了。

从许宁身上我们不难发现，气场与气场之间会互相影响。假如我们长期接触负面的气场，我们的气场就会变得不健康，从而导致我们的情绪越来越低落，生活也会索然无味。长期接触过多的负面、消极、不健康的气场能量,必然导致自己的气场能量受到伤害,削弱自己的气场,并最终让我们自己尝到负面气场的恶果。所以,聪明的员工要学会远离负面的气场,积极融入正面的气场,让自己多接受正能量,才能更有利于修炼自己的气场,让自己的气场正能量爆满。

譬如某精明员工,为了工作需要,要和一个倒腾文物的人打交道。这个人的国学底子还不弱,也很有智慧,讲话也很有穿透力,一看就知道在这行当闯了很久了。他本是要和这个人吃一顿饭,全面地了解这个人。结果,这个人在酒过三巡之后,就说了很多不着天地的话,说自己倒腾的文物中有三星堆里面的、也有秦始皇墓里面的,非常不靠谱。当然,这其中也有很多真话,比如这个人说自己曾经雇人去河南盗墓,将文物卖给法国人等等。他立马感觉这个人不对,他身上的能量场很是古怪。他马上借故离开了,他坐进自己的车里,深吸几口气,看着外面无比灿烂的阳光,他将自己在那个人身上感受到的"邪恶"能量通通都打碎掉了。后来,他听说那个人被关进监狱了,犯罪原因是盗取博物馆珍品。

这个员工若不懂得及时刹车,说不定就被那个人忽悠了,成为了合作伙伴,那他的职业生涯必定就会毁掉的。所以说,一个员工最先做到的应该是远离负气场,即便不能保证自己在职场上是最出色的人,也不能因为不理智而让自己成为最悲哀的人。其次,就要去想办法融入周围的正气场,这样才能提高自己的职业能力,让自己的职业气场也变得强一些,成就自己的独特魅力。

首先,你要懂得识人。考察一个人的性格、能力、人脉、品德等多个方面,综合衡量一个人的正面气场强大与否。你按照自己的标准确立了对方气场的正负,你就可以远离职场上的负气场了。

其次,你还要根据自己在工作上遇到的不同事情来选择最佳正面气场的人。俗话说:金无足赤,人无完人,完全正面气场强大的人是很难找到的。因此根据重要之事的类型来抉择相对最佳正面气场之人,就是托付的关键。

最后，你得利用一些途径融入这些正气场。你先要装备自己的大脑和内心，就是要多看积极正面的书籍和演讲，积累知识，同时多跟随有成功事实的老师和朋友，积累正面的思维模式和有涵养的内心，你才能正确地接近这个正面的气场。最重要的是，你得学会让自己去感受正气场的核心，也就是对方的内心，你要把功夫多下在研究对方的心境上而非讲话做事的技巧上，懂得模仿，学会复制，你就不会被对方排斥，你就能真正地融入正气场。这样，才能使自己的气场常有充足的正能量，从而驱动自己一路向前，不断进取，成为职场上最出色的员工。

第五章

准确定位，搜出自己的职业专长

没有定位就没有发展，给自己一个准确的定位，就能发挥出自己的职业专长。有了专长，个人才会有舞台去发展自己，进而做出杰出的工作。想方设法在专长上下工夫，蓄积足够的气场能量，练就出众的职业能力，你就可以在职场上游刃有余了！

1. 认清自己，给自己一个准确定位

富兰克林说："宝贝放错了地方便是废物。人生的诀窍就是找准人生定位，定位准确能发挥出你的特长。经营自己的专长能使你的人生增值，而经营自己的短处会使你的人生贬值。"一个员工若是在岗位上不能很好地认清自己，不能给自己一个非常准确的定位，那么他在岗位上一定做不出卓越的成绩，他也就不可能修炼出强大的职业气场。

陷入盲目的人，都是自己不了解自己的人。一个连自己都弄不明白的人，怎么可能去认识别人，又怎么可能去把握自己的人生呢？

早晨，一只山羊在栅栏外徘徊，想吃栅栏内的白菜，可是进不去，因为早晨太阳是斜照的，所以，山羊看到自己的影子很长很长。"我如此高大，一定能吃到树上的果子，不吃这白菜又有什么关系呢？"它对自己说。于是，它奔向很远处的一片果园，还没到达果园，已是正午，太阳照在头上，这时，山羊的影子变成了很小的一团。

"唉，我这么矮小，是吃不到树上的果子的，还是回去吃白菜吧。"它对自己说。片刻又十分自信地说："凭我这身材，钻进栅栏是没有问题的。"

于是，它又往回奔跑，跑到栅栏外时，太阳已经偏西，它的影子重新变得很长很长。

此时山羊很惊讶："我为什么要回来呢？凭我这么高大的个子，吃树上的果子简直是太容易了！"

山羊又返了回去，就这样直到黑夜来临，山羊仍旧饿着肚子。

不能正确认识自我是很多人失败和痛苦的原因。

职场犹如棋盘，每一个职业人员都是下棋的人，认不清自己，不知道自己下一步的定位在哪里，又怎么能发挥出自己的优势，占据有利形势呢？走错了一步，就在棋盘上输了气势，气势弱了，整盘棋很可能就会输掉。

在职场中，认不清自己，不懂得给自己准确定位的人有两种：第一种是永远在寻找岗位的人，他们希望通过跳槽来找到适合自己的工作，他们错误地认为自己的能力是强大的，但是在一次次的跳槽中破坏了他的职业发展；第二种就是那些始终躲在拐角处老实干活的人，他不知道给自己定位，他只懂得按部就班地工作，老板让他做什么他就做什么，能干的不能干的都接着，就这样，他的职业能力广而不精，只能庸碌一生、一无所成。

这两种同样悲催的人，他们的内心都在受着外界压力的折磨，每一次的工作对于他们来说都是一次磨难，为了让自己在职场生存下去，他们必须得硬着头皮做下去。长此以往，他们的职业能力被修剪得中规中矩，他们无法去面对岗位上一些重要的工作，他们对工作也越来越没有兴趣，他们内心深处对职业未来的一份渴望没了，他们也就失去了吸引别人的职业气场。一个衣衫褴褛的年轻人在天桥底下卖柚子，他显然很不开心，并没有大声地在叫卖。摊子旁边放了一个瓷缸子，路过的人有的误把他当作乞丐，向瓷缸里扔进去几块硬币，他也没有作声，在他的内心深处，他也觉着自己就是一个乞丐。

一日，一个富商路过这里，他下意识往瓷缸里放了一张钞票，匆匆离去。不一会儿，他又回来了，他拿起了三个柚子，说："不好意思，我是来取我的柚子的，你我都是商人，你没有给我柚子，我居然也忘记了。"年轻人听完富商的话先是一惊，然后脸上露出满足的笑意。

很多年后，在该富商举办的一次慈善晚会上，有一位气场很强的年轻富亨向他敬酒致谢，对他说："我就是当初卖柚子的那个年轻人，我能有今天的地位，全都是因为了你的一句话：你我都是商人。"

职场上，你若像那位年轻人一样，给自己定位成"乞丐"，你就必定不会成为"富亨"，更谈不上有什么强大的职业气场了；但是你若能够全面认清自己，给自己定位成强人，你就会找到体内原始的能量，这个能量会让你朝着这个目标迈进，你就很可能成就非凡的职业气场，变成别人眼中的强人。你明明有成为"富亨"的希望，却偏偏给自己定位成"乞丐"，这就表明你认不清自己，认不清自己，你又怎么能在岗位上发挥自己的最大能量，又如何能修炼出自己独特的职业气场呢？

你给自己定位什么，你就是什么，定位能改变职业人生。可以这么说，如果定位不准确，你的职业人生就会像失去指南针一样迷茫，有时甚至会发生南辕北辙的事；而准确的人生定位，不但能帮助你找到合适的道路，更能缩短你与成功的距离；认清自己，给自己一个准确的定位，你就能最大限度地激发出自己的职业潜能，成就强势的职业气场。

2.

规划职业生涯，从现在开始蓄积气场

一切的能量都是可以预知的，一切的气场都是需要蓄积的。一个普通的员工想要成为公司里的优秀员工，他首先要做的就是做好自己的职业规划。

你的职业生涯规划如果能做到位的话，就是为自己的工作行为提供了足够的指导，它就是蓄积气场的催化剂。

张味在整个湘菜厨师界都赫赫有名。就在今年，他从湖南的一家饭店跳到北京的“潇潇余湘”，他的年薪从 5 万元变成了现在的 15 万元，而现在的他也成为了行政总厨。他是如何成就自己在职业上的卓越呢？

当初他在进入湖南这家小饭店时，他的职业规划就是要学习到最地道的湘菜厨艺。他在那里一干就是六年，这家小饭店最吸引他的就是那位全市最闻名的家常菜厨师，也就是这家饭店的首席大厨。他认大厨为师傅，非常虚心地学习师傅教给他的每一道菜的烹饪方法。也许是张味的职业灵性和兴趣使然，他只花了两年的时间就成为了这家饭店的第二招牌厨师。

在接下来的四年时间内，他的师傅退休了，他的职业目标是接替他的师傅成为了这家饭店真正的大招牌。后来，他的确做到了。但是，他在这里待得越久就越发地不开心，因为他发现自己的发展空间太小了。

张味想去寻找更大的空间。他又给自己设置了一个目标，去专业的厨师院校学习更多的烹饪手法。于是他去了北京的一个很有名的烹饪院校，他特地去学习系统的厨艺，给自己充足电。他过硬的厨艺让他成功地应聘上了“潇潇余湘”的大厨，他的优秀让来往的顾客称赞不已，于是他又很快地坐上了行政总厨的位置。

张味从湖南跳到了北京，目的就是想寻找到自己的大舞台，他的能力需要更大的生存空间。他的才能有了新的拓展，很多年的饭店工作让他对饭店经营也有了心得。他又给自己确立了一个职业目标：做一个既会做菜又会卖菜的口碑名厨。他很明白：餐饮业的淡季，饭店需要做一些特殊的菜肴才能吸引客源；特殊节假日，厨师需要做出创意珍馐才能为饭店招揽更多的生意。这些心得是张味在湖南饭店的小空间里就已经酝酿好了，但是它无用武之地，而在“潇潇余湘”，他的心得起了很大的作用，他运用了这些“心得”之后，生意变得更加兴隆了。张味在小空间里摸索自己的大舞台，他给自己设计了明确的职业规划，每一步都是按照这个规划在努力地走着，最终他成为了一位名厨。

职业气场是一步步地修炼来的，这个过程并不是杂乱无章的，它与一个人的企图心有很大的关联。企图心越强，他就能够有激情去投入到工作当中去，他的职业气场必定会增强。所以，希望自己有所成就、有强大气场的员工，一定要及早地给自己定一个职业规划，让自己一步步提升，使自己的气场越来越强。

优秀的员工会明确地给自己一个职业规划，让自己的每一步都有很强的针对性，他们知道自己的工作目的是什么，他们清楚自己怎么做能够更好地激发出自己的职业潜能。在一次次的自我规划和肯定中，他们提高了自己的职业能力，成就了众人惊叹的职业气场。

员工要想顺利地开发自己能量的神秘宝库，心中一定要有一个明确的职业规划。职业规划，也是一个积累的过程，它是一个个量化的具体的职业计划，也是自己在职业发展路途中的停靠站。每一个"站点"都是一次评估、一次鼓励、一次加油。一个完美的职业规划应当从以下方面来规划。

(1)二十岁至三十岁:走好职业生涯的第一步

这一阶段是从学校走上工作岗位，是人生事业发展的起点。如何起步，直接关系到今后的成败。这一阶段主要的就是选择职业。在充分做好自我分析和内外环境分析的基础上，选择适合自己的职业，设定人生目标，制订人生计划。这一阶段年轻人刚步入职业世界，表现如何，对未来的发展影响极大，所以树立自己的良好的形象也至关重要。有些年轻人，特别是刚毕业的大学生，总认为自己有知识，有文化，到单位工作后不屑于做零星小事，不能给同事们留下良好的印象，这对一个年轻人的发展而言，可以说是一个危机。还有一个重要任务，就是要坚持学习。根据日本科学家研究发现，人一生工作所需的知识，90%是工作后学习的。有良好的形象，有丰富的知识，再加上实践的经验，这一阶段之后，你的职业气场必然会大大增强。

(2)三十岁至四十岁:不可忽视修订目标

这个时期是一个人风华正茂之时，是充分展现自己才能、获得晋升、事业得到迅速发展之时，因而要规划好自己的路径。应当对自己、对环境有了更清楚地了解。看一看自己选择的职业、所选择的生涯路线、所确定的人生目标是否符合现实，如有出入，应尽快调整。这样才能使自己的气场越来越强大。

(3) 四十岁至五十岁:及时充电

这一阶段,是人生的收获季节,也是事业上获得成功的人大显身手的时期。对于到了这个年龄仍一无所得、事业无成的人应深刻反省一下原因何在？重点在自身上找原因,对环境因素也要做客观分析,切勿将一切原因都归咎于外界因素、他人之过。只有正确认识自己,找出客观原因,才能解决人生发展的困阻,把握今后的努力方向。同时,千万不能安于现状,要善于学习,及时充电,与时俱进,让自己与时代同步,才能不被时代所淘汰,不被抛弃,维持、并增强自己的职业气场。

(4) 五十岁至六十岁:做好晚年生涯规划

这一阶段是人生的转折期,无论是在事业上继续发展,还是准备退休,都面临转折问题。由于医学的进步,生活水平的提高,很多人此时乃至以后的十几年,都能身体健康,照样工作,所以做好晚年生涯规划十分重要。

当然,这是一个长期的规划,在这个规划内,还可以有一些阶段性的小目标、小规划,比如给自己一个一年甚至半年几个月的目标,让自己努力完成,小目标积成大目标,最终就能收获自己最美好的人生。

完美的职业规划能将你职业心灵规划实现量化,化心灵的能量为实际工作的燃料,能量越大,工作越成功,你的职业气场也就越强。规划职业生涯,你就是从现在开始积蓄自己职业气场,在你实现规划的过程中,你的职业气场也在不断地增强,最后,你必定能成为岗位上最具吸引力的员工!

3.

树立职业榜样,成功从模仿开始

在职业发展中,普通员工需要不断地去模仿别人成功的一面,通过不断地模仿,就会让自己变得更加优秀。这个模仿的过程就是需要员工不断地寻找自己的职业榜样,所谓榜样的力量是巨大的。

有了这个职业榜样,就等于有了一个可以无限吸收的能量之源。每个人都像是一个巨型的吸铁石,而职业榜样的身边必定有各种各样优势的“小铁块”,职业人员懂得模仿自己的职业榜样,就会具备榜样身上一些特性,自己也就能吸引过来同样优势的“小铁块”。职业榜样的气场很强,职业人员在模仿的过程中,也慢慢具备了一些榜样的气场,只要自己愿意下工夫,自己的职业气场也一定不逊于职业榜样。

王斌是某企业招收来的一批大学生中的一个,他被安排到车间里去实习。很快的,他就引起了车间经理的注意:他穿着打扮以及说话的神情态度,都非常像经理。

车间内部的员工都感到很奇怪,有些人甚至对他指指点点,好话坏话全都有。经理没办法不做出反应了,他为了躲个清闲,跟高层要求把他调到销售科。经理心里在盘算,让这个王斌到外面跑业务去,这样他就能学乖一点,毕竟经理也不习惯有一个模仿自己的人待在身边。

谁曾料到,王斌的模仿如此地精准,他居然还能模仿到销售科经理的业务能力和办事手段。他的业绩很快就出类拔萃了。不凡的业绩让他在岗位上如鱼得水,很多人从他身上都感受到了经理一样的气场。

每一个领导都不太见得惯一个整天模仿自己的人,于是销售经理想尽办法想把他支走。可他的职业能力太强了,他在销售科也确实工作得很不错,企业高层也不愿意他离开销售科。为此,经理想出了一个主意:故意说销售科的实力太强,应该要分出一个小部门单干,让王斌去当经理。这个主意很快得到了企业高层的一致同意。很快,王斌就成为了经理,他的职业气场更强盛了。

在这个新成立的销售科里,员工都非常地尊敬他,觉着跟着这位气场强大的经理可以学到很多本领。这个小青年成功聚拢了一股强大的力量,正准备在企业里大干一番。

见贤思齐，那些经理们就是王斌的职业榜样，所以他要去模仿他们。一开始他模仿的是“表”，就是他们的衣着和神态；接着他就学会了模仿他们的“里”，这个就是他们的业务能力和办事手段。正是“表”“里”的成功模仿，让他引起了周围人的注意，也因此得到了好的机会，修炼了良好的职业能力，使自己的职业气场越来越足。

对于很多职业人员来说，上司或老板就是他们的模仿对象，他们身上的工作特点以及职业气场自己都在仔细地揣摩着，总是希望自己的职业能力和气场能够靠近上司或老板，这样自己的职业发展就会更上一层楼。

业务精湛、技术高超、待人友善的“职场前辈”都是很值得去模仿的，模仿多了，就自然长进了。职场上的事儿，说不清也很难道得明。只要好好向那些优秀者学习，也一定可以会像他们那样成为行业内的明星。

她是国内流行乐坛上一颗耀眼的明星，可是她初闯乐坛时，却是作为港台某大明星的替身才能得到演出的机会。

由于她的音色与那位大明星相近，因此在她早期的演唱活动中，以模仿那位大明星而为人所知，她的演唱可以达到乱真的程度。她曾录制过一盘名为《新编新歌》的带子，流行甚广。她最初是一位唱歌怯场的不入流歌手，模仿了那位大明星以后，她开始小有名气，她也能去一些重要庆典登台唱歌了。但是她的名气还很小，还算不上是音乐圈里的优秀歌手。

她在听苏珊·维格和赛德等世界级大歌星的歌曲中突然有所领悟。她的新榜样让她明白了唱歌的真正精髓，她后来说：“我从她们的歌声中发现，流行歌曲的演唱并不就是‘西北风’式的唱法，也许在本能的音色上才能唱出真正动人的东西，这给我以很大的启示。她们的风格并不连喊带叫，我恍然大悟，以前总认为只有连喊带叫才能证明自己是个实力派。”

后来，她逐渐脱离了那位大明星的影响，形成了自己的风格。在一些重要的演唱会上，她和曾经的偶像同台献艺，但两人的声音和风格已完全不一样了，两人的气场不分伯仲。她已经成为和她的偶像一样灿烂的明星了。

这位明星的成长经历足以说明，模仿自己的偶像是我们成功的开始。但是，要想成为真正的优秀人才，仅仅模仿还是不够的，还应该学习榜样的“精髓”，才能找到适合自己发展的最佳途径，最大限度地发挥自己的能力，成就卓越的职业气场，就能与当初模仿的榜样的气场相匹及了。

你在职场上想要更成功，光是模仿是不能实现自己的优秀的，还要从模仿中找到榜样的“精髓”，学到这个精髓，你就会开发出自己的职业特色，你就能走得更高，行得更远，而你的职业气场也会有朝一日赶上你的榜样，甚至超过你的榜样。

4. 发挥专长，让自己成为行业专家

不难发现，职场上气场最强、最引人瞩目、被老板青睐，被同事追捧的总是那些能力超凡、专业突出的人，也是单位里最不可或缺的人，最难以替代的人。

以色列有这样一则寓言故事：

> 克尔姆城里的补鞋匠把一个顾客杀了。于是，他被带上了法庭，法官宣判对他处以绞刑。判决宣布之后，一个市民站起来大声说：“尊敬的法官，被你宣判死刑的是城里的补鞋匠！我们只有他这么一个补鞋匠，如果你把他绞死，谁来为我们补鞋？”
>
> 克尔姆城的市民这时也异口同声地呼吁。法官赞同地点了点头，重新进行了判决。“克尔姆的公民们，”他说，“你们说得对，由于我们只有一个补鞋匠，处死他对大家都不利。城里有两个盖房顶的，就让他们其中的一个替他去死吧！”

这样的故事只可能在寓言里出现，但是这个故事也从一个侧面说明了专业能力的重要性。

专业能力是每一个员工赖以生存的基本能力，也是一个员工超越平凡走向卓越让自己不可替代的重要能力。

中国有句古话："良田万顷，不如薄技随身。"有一技之长的员工毫无疑问具有更强的竞争力，更不可替代。正像我们前面提到的那位补鞋匠，拥有独特的、专业的能力，没有人可以替代，因而死罪都可以免去。同样，在公司，要想职业常青，只有让自己成为公司独一无二的专业人才，你在老板心中才是不可替换的，才能避免被淘汰的命运，否则你会成为盖房顶的替死鬼。

西班牙著名的智者巴尔塔沙在其《智慧书》中告诫人们："在生活和工作中要不断完善自己，使自己变得不可替代。让别人离了你就无法正常运转，这样你的位置就会大大提高。"如今各个行业都被竞争对手挤满了，就像在一个赛场上所有的跑道都被参赛的选手挤满了。如何在这个人满为患、竞争激烈的跑道当中做到脱颖而出、一枝独秀呢？那就是要做到使自己变得不可替代，要有独特的专业技能。

巴黎一家五星级大酒店有个小厨师，长得并不英俊，憨憨的，谁都可以说他两句，他都照单全收。他没有什么特别的长处，做不出什么上得了大场面的菜，所以他在厨部里只当个下手。但是他会做一道非常特别的甜点：把两只苹果的果肉都放进一只苹果中，那只苹果就显得特别丰满，可是从外表上看，一点儿也看不出是两只苹果拼起来的，就像是天生那样子长的，果核也被他巧妙地去掉了，吃起来特别香。

这道甜点被一位长期包住酒店的贵妇人发现，她品尝后，十分欣赏，并特意约见了做这道甜点的小厨师。贵妇人虽然长期包了一套最昂贵的套房，一年中也只有不到一个月的时间在这里度过。但是，她每次到这里来，都会指名点那道小厨师做的甜点。

酒店里年年都要裁去一定比例的员工，经济低迷的时候，裁员的规模会更大。不起眼的小厨师却年年风平浪静，就像有特别硬的后台和背景。后来,酒店的总裁告诉小厨师,那位贵妇人是他们最重要的客人,而他是酒店里不可或缺的人。

你的本领别人没有,这就是你在职场存在的理由,这就是你能够安身立命的资本,也是你不可替代的原因。

职场上很多人都在学习自己并不擅长的东西,但完全忽略了自己的专长。总是希望自己某一方面的没有能力培养成低能力,将低能力培养成强势能力,而强势能力却一再地被自己忽略,接着沦落成低能力,最后变得没有能力。这是职场上的一个极其恶性的循环。如一个销售方面的天才去做繁杂的行政工作,并美其名曰"渴望磨炼",他就是在浪费自己的职业天赋和能力,这样做对自己的前途和未来并没有多大的好处,只不过是在自己的人生履历中多了一段磨炼的经历。只有那些坚守自己的专长,并且让自己成为专家,才能真正成为职场中的优秀人物。

刘冉在一家软件公司工作,他是公司里的安卓工程师,也是公司里唯一一个安卓项目组的组长。由于公司的安卓部分还在探索当中,所以安卓部门只招收了他一名员工,当初招刘冉的时候就是看中他的编程能力,虽然刘冉刚刚从培训学校毕业。刘冉后来也帮公司发展成功了一个安卓团队,招到了数个有能力的员工。

随着安卓手机在市场上的崛起,安卓编程人员也成了各大软件公司争相抢夺的对象。刘冉的专长就是安卓系统的开发,他最擅长这个,也只愿意在这个领域里经营自己的职业能力。因而,他越来越受公司的重视,他的团队在公司的地位越来越高,成员们的薪水都有了大幅度的增加,尤其作为团队主管的他,公司在一年内给他加了很多次薪水。

你的职业气场需要自己成就,而非靠别人来带动你。也就是说,你得学会通过经营自己的专长来成就自己的职业气场,靠别人给你分配工作,忽视自己的专长而一味地听从别人,是很难修炼出强大气场的。在职场上要想成就自己,你就是要知道自己能做什么、你的优势是什么,然后努力地发挥你的专长。

柳生是某公司仅次于CFO的财务人士，他本来工作得很优秀，但是公司为了给他分担压力，特定给他配了一名助手。可能是柳生的危机感太强烈，他始终觉着自己的助手觊觎自己的位置，给自己添了一股无形的压力。柳生认为助手的电脑知识太过硬了，他利用电脑处理起公司账务来非常地迅速精准，他还能随时通过修改后台程序而达到优化办公软件的目的。

柳生的优秀更是公认的，他对数据的分析能力及独到的前瞻能力在公司里无人可以匹敌，这些也是奠定他职场位置的法宝。但是，柳生觉着电脑是自己的弱项，他可不能让助手给比下去。于是他花大把的精力去学习电脑程序知识，他要巩固自己的职场位置。尽管他连基本的C语言编程都不会。他的努力卓有成效，慢慢地他学会了编程。可是，就在他终于快要成为三流程序员的时候，由于花费了太多的精力在电脑上，他的财务数据出现了一个重大失误，而他的助手帮助他弥补了这个失误，戏剧的一幕就是：助手正如他所担心的那样取代了他的位置。

一个再优秀的员工，若是置自己的专长于不顾，长期去经营自己的弱项，那你的职业能力一定会变弱，你的职业气场也会越来越逊色。假如你要做一名优秀的员工，你就是要全心全意地认真对待你的专业技能，因为这才是你在公司里的价值体现，是你在职场中安身立命的根本。

员工千万不要认为自己能够做到面面俱到，每个人都有各自的短缺和专长，最需要耗费精力的就是发挥自己的专长。俗话说：“多能不如一专。”自己的专长就是自己最大的资本，也是保持自己独特气场的强大武器。所以与其费尽心机地去改变自己的短处，还不如努力把自己的专长发挥到极致。你的专长发挥到了极致，你的职业能力就会上升到一定的高度，你的职业气场也就会强盛起来。

5.

扬长避短，发挥自己的职业专长

职业人员应该懂得：若自己有“一块最长的木板”，那就是最幸运的员工，自己的这一长处可以掩盖很多的短处，只要自己不去显摆自己的“短板”。

每个人都有可能成为职场上的强者，只要他懂得将自己的“长板”作用发挥出来，避开自己的“短板”。根据“木桶原理”，木桶的容量取决于最短的那一块木板。但是，木桶不一定是用来装水的，它也可以用来装柴火，而“长板”才是决定木桶装柴火的多少。你在职场上若是懂得利用自己的职业专长，你就是一个装柴火的“木桶”；你若是疏于经营自己的专长，你就是一个装水的“木桶”。最后，你体内的容量不一样，所展露的职业气场当然也会不一样。

美国职业发展研究学者罗恩曾经说过这样的话：“职场上若是你懂得发挥自己的长处，你只能得 70 分；如果你想得 90 分的话，你还要学会用长处模糊自己的短处，不让短处暴露出来。”

Sara 毕业后就在一家国企做策划工作，她做的每一个策划都能在市场引起巨大的反响，她的名声在业内也是响当当的。她做的策划可以公然与一些大企业打擂台，她总能赢得重要的客户资源。她还善于利用媒体，她在温言笑语之间就能把媒体搞定，可是她最大的毛病就是不懂得与竞争对手相处，她经常把竞争对手得罪得很彻底。

比如，有媒体朋友要对她的策划进行一些采访，而这个时候恰巧碰上对手公司也需要这名记者去采访，Sara 就会故意拖延采访时间，她的竞争对手就对她很有成见。

Sara 做了三年策划工作后有些厌倦了，于是她准备换个行业做一做了。这一次的跳槽相对于以前的工作可是180°大转变,她成为了一家大的传媒企业的副主编。从策划到编辑的确是很大的职位变迁,但是她以前的工作经验完全能给她的主编工作带来足够的灵感。可是,该公司的合作伙伴居然就是那位曾经她得罪的某个竞争对手,她得不到足够的采编资源,因为竞争对手不愿意与她分享,她书籍的内容就缺少了很多的可读性和思考性。很快,她就被公司"雪藏"起来,她工作得越来越郁闷,周围人也觉着她的个人魅力削弱了不少。

真正优秀的职员会懂得避开自己短处,尽可能地发挥自己的专长,让自己的专长掩盖掉自己的短处,这也是他们能够在职场上占据优势位置的根本原因。看看身边的那些上司们,职业能力不可能是全面的,但是他们懂得通过发挥自己的职业专长在下属面前树立威信。而那些自己并不熟悉的工作领域,他们一般都会交给自己信得过的下属,照样能完成公司交给他们的任务,自身的气场也丝毫没有受到一丝负面的影响,反而能在下属面前更撑得开面了。

梅兰芳可谓是一代京剧大师,可是他早年学戏的时候,师傅曾说他的眼睛有些小,不愿意教他。可后来,梅兰芳并没有因为自己的这个缺陷而退缩,他勤奋练习,将一双眼睛练就得如含着秋水一般,回眸间顾盼生辉。后来,看过梅大师戏的人无不被他的眼神所吸引。

眼睛太小的确是学戏的一个短板,甚至算作是一个缺陷,但是梅兰芳为了掩盖这个缺点,他苦心修炼自己的眼神,让眼睛的"神"盖掉眼睛的"样",观众佩服了他演戏时的眼"神",也就忽视了他的眼"样"了。

梅兰芳大师就是懂得扬长避短,所以他能发挥自己的专长,成就强大的气场。当一个人的长处足够明显的时候,他的短处往往被人们所忽视,他若是再懂得扬长避短,人们就压根儿不在意他的短处,因为他的长处太吸引人了。

扬长避短也是建立在自知之明的前提下的，知道自己的弱点在哪里，自己的优点有哪些，然后根据实际情况，扬长避短，吸取别人之优点，努力克服自己的缺点，这样才能真正打造自己的职业气场，成就自己的事业。

金无足赤，人无完人。任何人有其专长，就必有其短处。每个职业人员身上都有别人所没有的东西，都有比别人做得好的东西，这就是属于你自己的专长，这也是你身上最值得肯定的地方。不要拿别人的专长来和自己的短处相比，这样的话会掩盖掉你身上闪光的亮点，压抑你向上发展的自信。要充分地肯定自己的专长，不断地肯定，继续肯定。只要你懂得扬长避短，你就能在岗位上做出最成功的工作，成就别人无法比拟的职业气场！

6．在自己的专长上游刃有余，散发强大气场

每个人在岗位上都有自己的专长，但不是每个人都能成为优秀的员工，这是为什么呢？原因很简单，他们在发挥自己专长的时候，并不能够做到游刃有余，这样专长并不能给他带来强大的职业能量，他又怎么可能踏上考验重重的优秀员工的位置。

真正有强大气场的职业人员，懂得游刃有余地运用自己的专长，这个能让他们在岗位上发挥出最大的能量。然而，很多职业人员精通于此，他们在职场路上经常找不着路子。找着了路子的人，就是那些气场强大，人见人爱的人。

成功心理学家唐纳德·克利夫顿说："在成功心理学看来，判断一个人是不是成功，最主要的是看他是否非常自如地发挥了自己的专长。"

麦克曾是诺基亚的一名普通员工，他主要负责手机外壳的打磨工作，这虽然是公司的外形设计的工作，但他只不过勉强算是个打杂的。麦克虽然不是名校设计专业毕业，但他天生对设计有一种很强的敏感度，他总是在尝试着各种各样的创造，他自己还悄悄设计出了很多小而精致手机外形。麦克的一款设计被他的上司意外发现，结果这款设计的手机外形被搬上了诺基亚的某款畅销手机上。麦克也升职成为了设计部的一名主管，可是好景不长，手机市场因为安卓和苹果系统的冲击，诺基亚不得不裁员，麦克虽然没被裁掉，他觉着自己到了不得不跳槽的时候了，于是他凭借自己的好几款市场上反映良好的设计品成功跳到了 HTC。

到了 HTC，麦克仍然没有削减自己的设计欲望，他比以前更加努力了。很快，HTC 的一款老人机的外壳设计的项目落到了麦克的头上，麦带着自己的团队在一个月后弄出了完美的设计，这款设计在市场上的反响很大，他再一次在一家公司里有了名头。

麦克能在职场上闯出自己的一片天，主要是他懂得发挥自己的设计专长，而且他在危机中，也没有忽视这个专长，他依然非常能够自如地发挥自己的设计专长，最后他成为了行业里的杰出人士。一个在自己的专长上能够游刃有余的人，他必定会锻炼出强大的职业气场，而且能让身边的人深切地感受到他的职业气场。

台湾“身心灵成长协会”的优秀会员赖淑惠是一家房产中介公司的职员，她的公司就在她要售出的写字楼里面。她是一个善于交际的人，她还是“人来熟”，她只要与陌生人说过几次话，陌生人就会对她产生好感。

她经过观察后发现，但凡是对这个大楼有兴趣的买家，都会第一个询问大门管理员。他们总会这样问：“这里有没有合适的写字楼？”“这幢楼最宽敞的屋子在几层？”每次这位管理员的回答都是一样的，他总是说：“你去问一下十楼的赖小姐吧，她什么都清楚，而且很喜欢卖房子。”所以，每个买家的消息她都会比其他中介公司早一步知道。因为这些灵通的消息，赖淑惠的月均业绩都在上万元，成为公司里的业务标兵。

管理员为什么愿意将买家介绍给赖淑惠呢？原来，赖淑惠利用自己善于交际的专长，让管理员成为了她的“托儿”。她每次出入大门时，必会向管理员打招呼。她总是会因为各种特殊情况而晚归，常常麻烦管理员，为了表示感谢就经常地送给管理员礼物。

赖淑惠知道自己的专长在什么地方，并且她能够游刃有余地去运用这个专长来赢得管理员的好感。她是“身心灵成长协会”的优秀会员，善于交际的她已经具备了一定的职业气场，在这个气场的影响下，管理员被她吸引住了，他也很愿意接受她的礼物，与她成为熟悉的人。

每个职业人员好比一根长短相同的杠杆，能否走上优秀之道，关键在于能否找到那个最合适的支点。找到了就可以撬动地球。这个支点，就是自己的专长。这是一个市场竞争白热化的时代，职业人员要想不输掉，就要找到这个专长，并且在这个专长上游刃有余，这才是自己真正在职场上能够屹立不倒的最好凭借。

职场上，很多人会问：“既然自己有这个专长了，就有了自己的优势了，有必要再费尽心思做到游刃有余吗？”

回答必是肯定的，你做不到游刃有余地发挥自己的专长，你的职业优势就不能在工作上有很好地体现，你的竞争力也不会有所增强，也就散发不出强大的气场来。你想具备优秀员工的职业气场，就需要费一些心思去将自己的专长自如地发挥出来！

第六章

提升能力，能力越强气场越足

能力是气场的基础，不提升自身的职业能力就不可能修炼出强势的职业气场。一个人要提升的能力有很多，如合作能力、创新能力、学习能力等，这些能力都是不容忽视的，要保证自己有一方或者是多方能力的专长，才能在职场上更耀眼，成为众人敬佩的对象。

1. 超强的职业能力是职业气场的前提

他人能够感受到你的职业气场是源自于你的职业能力的强大。换言之，优秀的员工是因为自身强大的职业能力而让周围人受到了他们职业气场的强大影响。人们普遍认为，能力决定了一个职员的优秀，有了能力，就一定能够散发出非比寻常的职业气场。

曾经在中国风靡一时的韩国电视剧《大长今》里面的长今能出人头地，受到那么多人的欢迎，有那么强的气场，能在皇宫内取得自己的一席之地，其中最重要的就是她的能力。无论做什么事，只有具备实力的人才能有所作为。

"入宫"考试，考官刻意刁难，长今凭着自己博闻强识顺利通过，成为见习宫女；膳食考试中原料中最重要的面粉被别人偷走，偏她想出一招"李鬼冒李逵"，用白菜叶代替面粉，做成包裹馅料的外皮；去疫区，居然只有她能发现"瘟疫"背后的真相只是食物中毒；皇上昏迷，别人束手无策，长今敢冒大不韪偷看"皇帝老儿"的过往病史，最后拿针往他眼皮上扎……也就是她成竹在胸，能力超强，才敢如此做，也唯其如此，她才有无人能及的强大气场，并获得最终的成就。

有才华、有能力，在工作中表现出色，能够取得比别人更好的成绩，这才是职场最重要的资本，也是气场最强大的源头。比美貌、权术、心机都过硬、长久得多。如果没有能力，即使你利用一些技巧获得了老板的欢心,那也只是暂时的。久而久之,老板会认为你这个人太笨了,简直是“马尾拴豆腐——提不起来”。一旦老板这样看你,那你就注定在公司里被判了终身监禁,难有出头之日了。

菁菁所在的公关部原定只有七人,注定有一人迟早被裁,加上部门经理位置一直空缺,如此便导致了内部斗争日益升级,进而发展到有人挖空心思抢夺别人的客户。

菁菁不喜欢这样的氛围,她只知道老老实实做事,甘当人人背后称道的无名英雄。她始终默默无闻,只管付出不问收获,出了名的逆来顺受,当然是被裁掉的最好选择。尽管论学历、论工作态度、论能力和口碑,她都不错,但她一直没有好好地在老总面前表现自己,老总也一直认为她没有什么能耐。

接到人事部提前一个月下达的辞退通知之后,菁菁好像当头挨了一记闷棍一般,她半天也没回过神来。她怎么也没想到,自己两年多的努力不仅没有得到承认与尊重,反而得到的是被裁的待遇,她实在有点不甘心。

有一天,一个和公司即将签约的大客户提出要到公司来看看。这家客户是一个大型合资企业,一旦和这家大客户签下长期供货合同,全公司至少半年内衣食无忧。来参观的人中有几个是日本人,并且还是这次签约的决策人物,这是公司没有想到的。见面时,因双方语言沟通困难,场面显得有些尴尬。就在公司老总颇感为难之际,菁菁不失时机地用熟练的日语同日本客人交谈起来,给老总救了场。菁菁陪同客人参观,相谈甚欢。她凭借自己良好的表达能力和沟通能力,丰富的谈判技巧和对业务的深入了解,终于顺利地签下了这笔大单。菁菁随机应变的表现能力,以及熟练的日语会话能力,让老总对她大加赞赏。她在老总心目中的分量也悄悄发生了变化。一个月后,菁菁不仅没有被辞退,还暂时代任公关部经理。

在职场,关键还是能力,这是没有人可以否定的。能力第一,是职场的铁律。可能会有人说,不,除了能力,还有比能力更重要的,比如忠诚,比如勤奋,比如热情,比如责任心,比如主动性……是的,你说得都对,但是这些东西对于气场的作用远不如能力来得迅速和明显。

德鲁克曾说过:“我只欣赏能干的员工,能力才是一个员工最好的名片。”

管理学大师罗宾也曾说:“不要跟我谈你曾经做过多少的成绩,我只看你现在是不是能做更多的事。”

可见,那些大亨们最看重的还是员工的职业能力,他们眼中有气场的职业人员,必定是具备强大的工作能力,这也是很自然的现象。你没有能力,怎么能让别人感受到你的职业气场呢?职业气场是员工在工作的磨砺中产生出来的一种内在的能量,没有职业能力的人,是经不起磨砺的,这样的人必定不能散发出强大的能量,强势的气场更是无从谈起了。

要想成为具备强大气场的优秀员工,就应该不断地提高自己的职业能力,让自己走在别人的前面,丰富自己的职业知识和技能。一个员工的影响力往往是别人赋予的,别人为什么会高度认可他并且很乐意把这个美誉放在他身上?归根结底,还是因为他懂得在工作中最大化地燃烧自己的能量,而这个能量就是需要职业能力作为燃料的。

一个普通员工当然很渴望成为众人眼中的杰出员工,但这个光靠渴望是没有用的。优秀的职业气场也是靠一点一滴能力的积累而形成,一切能力都源自于实践工作中的积累。因此,只要他努力在职业成长中不断地积累实力,就可以拥有展现职业气场的能力。

洛杉矶湖人队前教练派特雷利在湖人队最低潮时,告诉自己的员工:“你们不要想成为联盟最强悍的球员,你只需要想着每天都比昨天进步一点点,哪怕是多投一个篮,少丢一个球,多抢一个篮板。”

球员们都非常尊重教练派特雷利。每个球员都力求让自己每天进步一点点,很快球队在罚球、抢篮板、助攻等等方面都有了很大的进步,他们的赛季成绩也跟着大幅度地提升。就是这一年,湖人队取得了总冠军,每个球员都戴上了总冠军戒指,这表明他们已经是全联盟最优秀的球员了。

记者问教练,湖人队能够取得冠军的诀窍是什么?教练回答："我们的球员单个能力也许并不是很强悍，但是他们每天都在努力地提高自己的能力，渐渐地，他们每个人就变得越来越强，整个球队也就越来越强，球队自然就会战无不胜了。"

的确，一个普通员工也许现在不具备强大的职业气场，但这并没有关系。只要他能够每天都努力地提升自己的职业能力，长时间地坚持下去，能力积攒到一定程度以后，必定会充沛他的内在，这样他的能量就会释放出来，别人感受到的就是他强大的职业气场，他就成为了别人眼中的优秀员工。

你作为一个渴望出彩的职业人员，就一定要清楚超强的职业能力是职业气场的前提，你就需要从现在开始，在日常的每一小项的工作中，尝试着去提高自己的职业能力，将自己的职业能力锻炼到超强的程度，你就储备了足够的能量，你的职业气场自然就会强大起来。

2.提升合作能力，主动团结协作

一个人职业能力不是单指他个人的工作能力，还要看他与别人合作的能力。你要想让自己的职业气场变得强大，就需要让自己在一个团队里有一定的影响力，而这个就需要你提升自己的合作能力，主动去团结协作。

所谓团结协作，其实就是在团队里懂得取长补短，将集体的力量运用到平时的工作中去，增强个人的竞争力，增加个人的职业魅力。员工若是学不会合作，职业发展的空间一定会受到限制。

职场上个人的力量毕竟是有限的，等到职业人员耗光了自己的职业力量，他就一定会成为办公室里的"边缘人"，他的地位也会越来越低，最后就会成为公司被裁的对象。

合作才能赢得长足的发展，职业强人更是懂得这一点。职业气场是需要一个很大的空间去修炼的，把自己关在一个自我限制的匣子里面，职业能力就得不到提升，而若是他懂得打开自己，让更多人成为他的合作者，他与别人在工作上有了交流之后，自己的能力就会有飞跃的发展，这个空间也就拓展了。

一个人的力量终究是单薄的，一群人的力量都能为你所用，你在职场上就更容易赢得成功，你的气场就能让周围人更加强烈地感受到。

凌云和嵇严同在一家电力公司工作，他们的工作能力也是不相上下的。

凌云是电力局赵局长的唯一的儿子，领导也因此比较关照凌云。嵇严并没有因为自己没有这样的关系而表现消极。在工作中，他经常与凌云相互协作，配合也是非常默契，帮公司解决了很多复杂的工作难题。凌云也愿意同嵇严编在一组，毕竟可以相互促进。在完成15万伏高压输电线路安装的过程中，他们两人晚上看图纸，安排工序，白天干活，比预定工期提前一半，因此受到了表彰。曾经有朋友劝嵇严："凌云本来就有关系，现在你帮他的忙相当于断了自己的升迁之路。"嵇严对朋友说："首先，我佩服的是凌云的能力和人品，凌云是李局长的儿子，但他不拼爹，而是靠自己的实力，全局没有多少人能够进行15万伏的带电作业，他就是一个；其次，如果我自己没有水平，即使领导很看重我，我也不会有什么出息，我现在也是在向他学习本事；最后，一旦凌云升迁，我与他配合默契，以后工作就会更方便了。"

通过相互之间的配合，两人取得了很大的成绩，并且上级领导通过凌云也认识了嵇严，认为两个人的能力同样突出，并授予他们"优秀班组"称号。在凌云提为安装队队长之后，嵇严理所当然地成为副队长。凌云心里也明白，没有嵇严的帮助，仅靠自己也不会有这么突出的成绩。在不久之后，凌云通过关系，将嵇严调到另一部门担任正职。这样，嵇严的路子也宽广起来。而

且，两个人在两个部门相互协调，工作就干得更加精彩了。

在职场的团队合作中，有时候必定会遇到某个人提前比你得到更好的发展机会，这并不是你放弃与他合作的理由。相反，你也要像嵇严一样，继续与他保持紧密的联系，一方面是在展示你自信的气场；另一方面你确实在合作中能更加提高自己的职业能力，即便对方的职场位置已经被拔高了，但他手头上的工作资源也会多了一些，你与他合作，只会对你有好处。嵇严做到了，他也为自己赢得了更好的发展机会，现在的他在公司里也拥有很高的威望，成为众人心目中气场不逊于凌云的员工。

职业能力不很出众的员工，更要在工作中，不断地提升自己的合作能力。在专业化分工越来越细的职场中，靠一个人的力量是疲于应付千头万绪的工作的。能力有所欠缺不要紧，只要职业人员懂得在工作中找到合适的合作伙伴，并与之密切合作，就能推动自己工作能力的提升。

所以努力地提升自己的合作能力，不仅可以帮助我们在职场少走很多弯路，节省很多精力。还能大大提高我们的气场，让我们的工作更加顺利。一个懂得合作、善于合作的员工，能润滑一个公司很多的“零件”，使公司的效率升高，使自己的威望增强。而一个不肯合作的“刺头”员工，势必会被老板剔除掉，最终成为被淘汰的人。

你若懂得在职场中提升自己的合作能力，主动去团结协作，一定会得到很多的机会，你的职业能力就会有足够的土壤来提升，你的职业气场也会受到滋润而慢慢变强！

3. 提升适应能力，懂得随机应变

“物竞天择，适者生存。”达尔文如是说。在他眼里，“适者生存”是大自然和人类社会的基本法则,任何生物都不能逃脱。

在职场,这一法则同样适用。适应者会一帆风顺,不适应者则会处处碰壁。生存是需要环境的,但作为个体不可能彻底改变环境,个体的生存只需要适应环境。只有那些最能适应环境、适应社会的人才最容易获得成功。

一家世界500强之一的美国公司在选择北京办事处负责人时,通对一个很小的细节考察了应聘者的环境适应能力。当时,共有七名应聘者,其中只有一位是女士。考官故意把应聘者的位置安排在空调下,而且将其功率开得很大。结果,六位男士都无法忍受长达两小时的面试,只有这位女士坚持到了最后。

当面试结束时,这位主考官对这位女士说:“由于公司刚在北京成立办事处,属于万事开头难的阶段,所以只有能够适应环境,敢于接受挑战并且能够以愉快的心情去面对压力的人才会被我们录用,欢迎你加入到我们公司。”

“适者生存”是大自然的基本法则,也是职场生存的基本法则,因为我们只有适应工作及工作环境,才能在公司和职场上立足,这样的人,也才是企业最需要、最青睐的人。同时,由于超强的适应能力,使你在面对任何环境和条件时都能从容自如、轻松应对,无形之中已经让你的气场大增,成为大家心目中的“能人”。所以,要修炼自己的气场,就一定要提升自己的适应能力,让自己面对任何困难时都能游刃有余,你的气场自然顺理成章地被提升。

员工的职业能力是建立在适应能力的基础上的,没有适应,就没有发展。既然铁定了心要成为优秀员工,就一定要提升自己的适应能力。一个优秀的职业人员,往往最懂得怎么调节自己的工作状态,让自己在各种环境中表现出最强悍的工作能力,从而散发出自己最强大的职业气场。

工作中,职员的适应能力主要体现在遇到困难时随机应变的能力。一个普通的员工,要想成为企业中气场强大令人瞩目的“明星员工”,必须具备比一般人更强悍的“随机应变”的能力。

某业务员要去一家公司推销自己的产品。这家公司已经拒绝他的产品很多次了，不知为什么，双方总是合不到一起。他很想见这家公司的总经理，于是他让前台小姐帮忙转递自己的名片，可是名片到了总经理那里，他根本没有看，就让前台小姐把名片退还给了他。

也许很多业务员此刻都会很尴尬，然后选择默默离去。但是，他没有，他趁总经理出公司的机会，亲自把名片递给了总经理，但是这一次总经理一句话没说就把名片撕碎了。这位总经理似乎还觉得不解气，又从兜里掏出了20美元递给了他。他一开始愣住了，但是他马上放松自己，又还回总经理10美元，说道："总经理，您好。我的名片成本只有10美元，这多余的10美元退给您。"

本来是等着他发火的，没想到他这样豁达大度。倒弄得这位总经理不好意思了，总经理对他说道："你错了，10美元可以买到两张名片吧，我找你一张名片吧。"说完，他就把自己的名片递给了他。理所当然，这位业务员成功地完成了任务。因为这一单生意，这名业务员竟成为了公司里的业务骨干。后来他才明白，原来原先去找总经理的业务员愤怒之下曾撕过总经理的名片，总经理甚至命令过公司，再也不买他们的产品。

你懂得"随机应变"，就是在提升自己的适应能力，这就使你职业气场也从中得益温润，变得越来越有自己的职业特性，你就能得到更多人的认可，你就可以成为卓越的员工！

4.

主动创新，创造非凡业绩

著名画家徐悲鸿曾言："道在日新，艺亦须日新，新者生机也；不新则死。"

这是个极其讲究创新的时代，不创新，就等着在职场上被淘汰。但凡有职业气场的员工，都有一定的创新精神。一个人的创新能力强弱直接决定他个人职业能力的持久与否，想要在岗位上保持长久的优秀，就一定要锻炼出职场上的创新能力。

没有创新观念的员工如何在岗位上成就自己的卓越呢？那些气场强大的优秀员工脑门上无不刻着"创新人才"的印记。每一个职业人员都应该主动去创新，创新可以让自己的职业能力不断地更新和发展，可以让自己的工作激情持久下去，同时还可以为自己带来更多的实际效益和发展机会。

数年以前，刘江虹是某手机公司的业务员，他是一个很能折腾的人，也正因如此，他在公司里的地位也很高。他给企业创造了很多利润，他的能力毋庸置疑。可是他并不安分，他对手机的发展有自己独到的领会，他平时就是很爱用手机上网看小说，可是他始终找不到一个满意的小说网站。

刘江虹打算向公司申请一个新的项目——开发出一个非常方便实用的手机小说网站。但是公司并不支持他新提出的开发项目，老板只想把目前的蛋糕做大，花大笔资金去给一个可能性埋单并不是老板愿意做的事。但是刘江虹没有放弃。尽管老板明确地对他说："我不大可能为了你的一个兴趣埋单，尽管你认为这个兴趣是一次极富意义的创新，但是这个风险太大了。而且你做这个庞大的网站就是为了方便别人上网看小说，这个理由实在无法说服我，我需要好好考虑。”

但是刘江虹数次主动去要求，打动了老板。老板只答应拨给他 200 万元的开发资金，这对于一个如此复杂的软件系统来说太少了。但是刘江虹决心干到底，在公司里找了几个他信任的职业能力很强的员工，组成了一个项目团队，潜心去开发自己想要的小说网站。一晃一年过去了，刘江虹和他的团队并没有为企业创造任何的效益，老板也没有催他，似乎是对他有些失望了，但是碍于以前他对公司所做的贡献，也就“纵容”了他。

又过去了半年，终于，这个小说网站问世了，很快在市场上引起了轩然大波。这个网站彻底地火了，注册会员一下子到了 200 万人，每年为企业带来上百万的利润。刘江虹的成功让老板更加地信任他了，还专门组织了一个部门，让他担任经理，老板也愿意花大价钱让他折腾了，因为他的主动创新能为公司创造非凡的业绩。

刘江虹是优秀的，他的主动创新让他不安于现状，他将创意的想法执拗地运用到了实践当中，这一份执拗恰恰体现了他强势的气场，他的创新成功了，为公司带来了更广阔的用户群，也为老板挣了很多钱。理所当然，以后的他将会拥有更多的工作资源来拓展自己的职业气场，他的职业气场只会越来越足。

员工要想通过创新来实现自己个人的优秀，就必须要懂得克服工作中的困难，提升自己的工作效率。不要小瞧创新，它会让职员在竞争激烈的职场中脱颖而出。

那么，怎么去培养自己的创新能力呢？

人们都在说，外界环境是创新的硬件资源，思考是创新的软件资源。广告行业的职业达人之间流行这样一句话：“只要能够想到，就能够做到。”在各行各业中，不管是创新者还是追求其他方面成功的人，这个道理都同样适用。

从某种程度上来讲，创新就是一个思考的过程。工作取得进步，就是一个思考深入的过程。思考得多了，想到的方法自然就多了。当一个猎人打了一只兔子时，他就会想办法如何去猎一只鹿；当他猎到一只鹿时，他就会想如何去打一只熊。而只有这样不断地思考，不断地寻找更好更有效的办法，才有可能成为一个优秀的猎人。工作何尝不是一个思考的过程呢？

一个职业人员在工作中，不能被烦琐的事情控制住了自己的思维，要让自己有足够思考的空间。有思考，就会有创新的点子。在这个点子的基础之上，还是需要自己主动地去实现这个点子。这是一个复杂的过程，这个过程是需要职业人员不断地提升自己的职业能力，将自己的实力修炼到一定的程度，才可能在这个过程中步步为营。最关键的是，这个过程为他们带来非凡的工作业绩，他们的主动创新，是可以让自己成为公司里最瞩目的员工，同时，他们的职业气场也会壮大起来，让周围更多的人涌到他们的身边，愿意与他们一同工作。

你若是在职场上确立了重视创新的观念，那你就大胆地迈出创新的步伐吧，你就是在创造非凡业绩的途中不断地充沛自己的职业气场，你在职业成功的道路上就行走到一大半了。

5. 精益求精，让自己不可或缺

职业人员，只凭着自己的聪明才智和专业能力是不可能在职场上长期地优秀下去的。职场是变化的，要想让自己也适应这一变化，就应该在工作的过程中精益求精，把自己的功课做到最好，让自己不可或缺，让自己无人可以替代，你当然就是企业里气场最强的人。

李丽和马莎同时被微软录用为程序员，李丽毕业于一所著名大学的电子系，她才华横溢，设计的程序简洁明了，而且漏洞非常少，一开始就赢得了主管的青睐。而马莎却是靠自学成才的，她甚至连一个像样的文凭都没有，有人传言说，马莎之所以能够被录取，完全是因为上层主管当中有她的亲戚。

为此，李丽总是瞧不起马莎，她甚至说："和这样的傻瓜在一起工作，简直是我的耻辱。"平常的工作量对李丽来说很轻松，所以她花费了大量的时间在交际、购物上，而马莎却只能起早贪黑，才能勉强地完成工作任务。

半年以后，马莎却被提升为设计部的主管，对此李丽非常气愤不平："只要高层有亲戚就可以顺利提升，完全不考虑工作能力，这样的公司有什么前途！"

这时候主管给李丽拿来了一份马莎的设计程序，李丽这才大吃一惊，马莎的程序和原来的相比竟然有了脱胎换骨的变化！简直可以用完美无缺来形容。

原来，在李丽自鸣于自己的才能的同时，马莎却在努力学习，不断地在进步，对自己的工作要求也越来越高，精益求精，从而也使自己的能力突飞猛进，她早已不是当初那个青涩的生手，而是游刃有余的业内高手了。马莎设计出来的程序已经比李丽的优秀得多了！

但李丽根本不明白对自己要求更高、对工作精益求精的意义，她还在为自己的优秀的设计能力而自鸣得意。两年后，马莎已经成为了微软某部门的高级主管、高级程序设计师，而李丽，依然是一个普通的程序员。

李丽在安逸的生活中忘记了提升自己的能力，即便刚来时气场强大、才华逼人，但却被善于学习、精益求精的马莎抛在了后面，而马莎却通过自己持续不断的学习和努力，使自己越来越趋于完美，气场自然不可同日而语。

一个优秀的员工，若是不懂得精益求精地不断学习，整天守着自己的聪明和能力是不可能进步的，在职场里也不太可能得到更高的荣誉了。慢慢地，就会被周围人所嫌弃，就会成为最普通的员工，也丧失了当初强势的职业气场了。也就是说，一个员工要想让自己的职业气场一直强大下去，在工作上就必须要有精益求精的态度。

学习才能进步，求精才能优秀。一个普通的员工，若是他能在岗位上参透精益求精的道理，不断学习和充电，那他一定会在职场建立起个人的职业品牌，成为众人心目中有着强大职业气场的优秀员工。

一个普普通通的收银员，竟然成为黄山老百姓心目中的明星，更令人不可思议的是，黄山市的一家名叫易胜超市里，有着一条以她名字命名的收银通道——牛萌便民收银通道。

这是怎么一回事？牛萌才25岁，顶多算是成年女子，怎么可能有这么大的影响力呢？这就是这个平凡女子的过人之处，是她不断努力、不断学习、精益求精地对待工作的结果。

易胜超市内，"牛萌便民收银通道"的招牌非常地惹眼，很多顾客都排着队在这个通道结账，原因只有一个，她结账太快了，而且从来不失误。

当第一位结账的顾客来到柜台前时，牛萌便报以微笑和问候："您好！"随后她麻利地从车里拿出商品，一手持计价扫描仪，眼角一瞄，扫描仪立即准确地扫向条形码位置，一气呵成，没有任何停顿。

"56.3元！"一扫描完，她马上报出数额，"欢迎下次再来！"

在顾客掏钱的同时，牛萌又以惊人的速度，将物品整装完毕。

其实，最绝的是牛萌的收钱动作：一张10元，一张5元，一张5角，3个一角硬币，她的三个手指尖在抽屉各个小方格中一点，钞票和硬币好像是粘在她的手指上，转瞬之间，要找的钱一下子就递到了顾客眼前。

一位顾客赞叹道："看她收银，简直就是观看高水平的表演！"

2012年，牛萌凭借着她精湛的专业技能在"银联杯"全国商业服务收银员银行卡知识、技能竞赛总决赛中，以绝对优势获得个人第一名。

但这种纯熟的技巧绝对不是天生的。初当收银员的牛萌，技术很不熟练。有一次，一位顾客买了一支冰激凌，站在长长的队伍内等待结账，好不容易等到时，冰激凌已经融化了。

牛萌很过意不去，提出要替顾客换一支，却被婉拒了。这件事使牛萌暗暗下定决心，一定要提高自己的专业技术。

从那以后，她常常利用休息时间苦练技术，吃完饭练，看电视时练，甚至睡觉前坐到床上还要练上几把。牛萌的双手长满了老茧，指纹几乎被磨没了。功夫不负有心人，牛萌的收银技能突飞猛进！点钞，她从原先的25秒跃进到13秒，并掌握单张单指、一指多张、五指连张等各种花样点钞法；条码录入，她从两指录入到五指并用，从1分59秒提高到了现在1分50秒能准确录入50个13位数的编码，刷新了这一行业的纪录。

牛萌，在仅有三尺的收银台上，精益求精，为自己的工作贴上了卓越的标签。让她自己成为了行业标兵，成为最有影响力和吸引力、气场最强的收银员。

精益求精的本质就在于不断地完善自己的专业技能，达到艺术的境界。正如约翰·路德·金说的："如果一个人是清洁工，那么他就应该像米开朗琪罗绘画、像贝多芬谱曲、像莎士比亚写诗那样，以同样的心情来清扫街道。他的工作如此出色，以至于天空和大地的居民都会对他注目赞美：'瞧，这儿有一位伟大的清洁工，他的活儿干得真是无与伦比！'"

你要想在职场上成为优秀的员工，要具备足以让人佩服的职业气场，就一定要有精益求精的工作态度！即使你现在已经很优秀了，你还是要继续提升自己的能力，精益求精，只有如此，你才能够真正地在行业内成为一枝独秀型的人才！才能让自己不可替代，让自己的职业人生更加精彩。

6. 潜心求知，让职业气场不断增值

有一句歌词是这样的："不是我不明白，这世界变化快。"是的，每个人所面对的世界比以前更加新鲜和复杂，如果自己不去潜心求知的话，又怎么能适应这个世界呢？职场上是讲究丛林法则的，要想在这里面存活下来并且能够称霸一方，职业人员就必须要学习、学习、再学习！一切的职业能力都得依附在学习能力之上，它是孕育职业能力的胚胎。

蒙哥马利元帅被称为是西点军校最受欢迎的演讲员，西点军校的学子们认为他是一个很好的榜样，就是因为他对自己的职业有着一份浓厚的学习兴趣和执着的精神。

熟悉蒙哥马利元帅的人都清楚，他的嗜好是很少的，几乎不喝酒和抽烟，他一直对军事抱有极大的兴趣，他痴迷于军事小说，爱看历史战争资料等。他一到年龄就从了军，最后还参加了战争。他每天最关心的就是训练、作战和胜利。正因为他的这种孜孜不倦的学习精神，他才能够在同辈中声名卓著。

他很热爱自己的职业，他不断地学习来充实自己的军事技能。他曾经为了能够争取到印度服役，他还刻苦学习印度的乌尔都语和普什土语，以便与印度士兵沟通联系。他为了能够熟练地使用管理营里的运输工具，他把野战勤务条令背得滚瓜烂熟。他的这一学习态度让他的职业能力不断地增强，也因此他的职业气场越来越强，最后，他成为了世界上最强大的军人之一。

在当今这样一个突飞猛进、变化迅捷的时代，学习能力、思维能力、创新能力已经成为构成现代人才体系的三大能力。其中学习能力又是最基本、最重要的第一能力，最根本的竞争能力。没有学习能力，其他能力都不可能存在。要提高自己的能力素质，必须提高自己的学习能力。学习能力不是与生俱来的，它需要历经磨砺，长期培养，方能有所长进、有所成就。一个不懂得学习、不善于学习、不勤于学习的人，在瞬息万变的今天，是难以做到与时俱进、永不掉队的。只有那些善于学习、不断进取的人，才能真正一直走在时代的前列，成为气场强大、能力出众的精英。

学习是走向卓越的唯一方式，不学习的人怎么可能有实现卓越的能力呢？在激烈的职场竞争中，只有不断学习、善于学习的人，才能具有高能力、高素质，才能不断获得新信息、新机遇，才能够拥抱成功。

沈从文并没有读过大学，但是很多人都被他的个人魅力所吸引。他的魅力从何而来呢？他的一个学生就曾这样评价过他：他特别能够钻研，爱读书，精于细节和专注美的物态。沈从文的个人气场不用过多的描述，如今健在的一些北大老人们一提到沈先生都会竖起大拇指。可是，他第一次给北大学生上课时，紧张得说不了完整的一句话，整整一堂课他一点内容都没讲。后来，他决计要学习做好一个教师，于是他观摩别人教学，自己潜心备课。很快，他就能够在课堂上轻松自如地传授学生知识了，学生们也很愿意来听他的课。

学历只代表过去，只有学习才能成就将来。一个优秀的、不断进取的员工必然是一个善于学习的员工。知识无涯、学海无涯，只有坚持不断地学习，把学习贯穿到生命的始终，才会在这个激烈竞争的时代为自己争得一席之地。

你或许不是一个天才型的员工，你知道的东西很少，但是你可以通过学习来弥补，职场上的竞争更多的是个人学习能力的竞争。你如果潜心求知了，你的学习能力一定会越来越棒，你的职业前程也会越来越广阔，而你职业气场也在不断地增值中！

第七章

搭建人脉，人脉愈宽广气场愈强大

在现代职场，人脉即是机遇和财富。个人能力始终是有限的，单凭一人之力来修炼自己的职业气场是极其困难的，只有不断提升自己的人气，搭建更多的人脉，为自己赢得最多的人缘，才能更好地增强自身的气场能量。显而易见，不懂得融入一个圈子或是不懂得与关键人脉保持适当的距离，就很难顺利地完成岗位上的工作，气场也会受到负面能量的影响。

1.

散发职业亲和力，提升人气

在职场交往中，一个员工的亲和力非常重要，它可以让周围的人更加地认可他，并一直愿意与他合作下去。办公室里，总有人会这么评价一个有气场的同事："他看起来非常的亲切"、"她看起来很好接近的样子"、"这个人真的不高傲，我很想跟他有一些工作上的合作"等等，这些都验证了一点，亲和力在一个人的职业发展中起到了绝佳的人际润滑作用。那些优秀的员工，往往都具有很强的亲和力。

美国前邮政部长詹姆士·法利是一位亲和力强、很重视别人的人。法利先生是一个知道如何增强亲和力、让人喜欢自己的专家。有一次，在费拉德菲尔城举办的一次"读书和读者"会上，当法利先生和其他演讲者到宾馆去吃午饭的时候，他们在走廊遇到了推着餐车的女服务员，餐车上有桌布、毛巾和其他用具。其他人绕过餐车走了进去，这位服务员丝毫没有注意到他们。这时，法利先生向她走了过去，并且伸出手说："嘿，你好，我是詹姆士·法利。能告诉我你的名字吗？很高兴认识你。"

当这群人走过大厅的时候，一些人回过头看到那位女孩嘴巴张得大大的，显得十分惊讶，但是，她的脸上立即绽开了甜美的微笑。

法利是一个在现实生活中很成功的人士，在社交场合中平易近人，善于营造舒适、自然、轻松的气氛，拥有良好的人际关系。

喜欢别人，又能让别人喜欢的人，才是世界上最成功的人。那些气场强大、受人欢迎的人，大都亲切随和、平易近人，有着很好的亲和力。因而不论走到哪里，他们都会受到欢迎，都具有吸引力和影响力。因而他们不仅气场强大，总是能成为企业中最重要的人物，而且还能带领自己的团队取得更大的成功。

吉姆是一个汽车行的经理，这家店是 20 家连锁店中的一个，生意相当兴隆，而且员工都热情高涨，对他们自己的工作表示骄傲。但是吉姆来此之前，情形并非如此。那时，员工们已经厌倦了这里的工作，甚至认为这里的工作枯燥至极，有些人已打算辞职，但是吉姆却用自己昂扬的激情和极大的亲和力感染了他们，让他们重新快乐地工作起来。

吉姆每天第一个到达公司，微笑着向陆续到来的员工打招呼，把自己的工作一一排列在日程表上。他创立了与顾客员工讨论会，时常把自己的假期向后推。总之，他发挥着最大的热情，与他的团队打成一片，一起努力为公司工作。在他的影响下，整个公司变得积极上进，业绩稳步上升，他不仅是公司最器重的人，也是同事和员工们心中最重要的人，他们尊重他，敬畏他，喜欢他，吉姆的气场也使得他的周围聚集了很多人，并以他为中心，形成了一个坚不可摧的团队，成为了企业里最有力量的一部分。

气场并非完全靠威严和气势来锻造的，平易近人的亲和力同样能缔造强大的气场。关键是你怎样把你的亲和力运用到职场上，让大家都喜欢你。比如微笑，就能够大大增强一个人的磁场，进而提升自己的魅力，强大气场。因此，用你的微笑去欢迎每一个人，那么你就会成为最受欢迎的人。

奇宾·当斯是美国的著名节目主持人，尤其在底特律地区享有很高的人气。有的听众写信给这位声音里带着微笑的主持人，说他们已经听到了他的声音及他主持的节目，并且告诉当斯说，他们透过他的声音看到了他的微笑。“当斯，你的微笑跟我听你的广播时所想象的完全一样。我本来害怕会失去你的微笑，但是并没有。”读者来信中，当斯经常会看到如此赞扬。

有记者曾经采访当斯，询问他为何总是微笑着主持节目。当斯说：“为别人创造愉快的生活，这要从微笑开始，但必须是发自内心的微笑。当你微笑的时候，别人会更喜欢你，而且，微笑会使你自己也感到快乐。它不会花掉你任何东西，却可以让你赚到任何股票都收不回的红利。”

微笑是无价之宝，它可以传递一种人性关怀，让他人感受到你的魅力，认同你的气场。如果我们不微笑，只会让别人感觉你和他不是同道中人，对你失去兴趣。微笑可以拉近两个人之间心灵的距离，就算两个人素不相识或萍水相逢，只要你微笑，对方就会被你的真诚所打动，和你做朋友。

滔滔不绝，不代表气场强大，简单的微笑，有时反而会更具吸引力。微笑可以让我们保持乐观的心态，不仅会让自己感到快乐，更能感染身边的人。微笑更像是一粒种子，不管走进哪个人群，都会生根发芽，直到有一天，它长成参天大树，微笑的绿荫就会感染身处其中的每一个人。

当然，我们所说的职场亲和力不仅仅是微笑对人，微笑工作，或是做一个“老好人”，更需要一个员工有乐于奉献、甘心付出、尽职尽责、乐于助人的品格，不管做什么事都以身作则，不管在哪里都先想到别人，想到集体，才能真正赢得大家的拥护和支持。

如果你不是一个惯于用威严造势、习惯以气势压人的人，别担心你的气场会没有别人的强，平和亲切同样会有强大的气场。只要善于运用自己的亲和力，提升个人的人气，让更多的人愿意聚拢到你的身边来，你的气场也会越来越强，离成功也会越来越近。

当然，如何利用好自己的职业亲和力，让别人觉着你很靠谱，这也是个人职业气场的一种修炼。

王琴琴是某化妆品公司的美容顾问，她也是善于观察的职业行家。一次，她要去拜访在外企上班的白领甄玉玲女士。

那日，王琴琴去的正好是甄小姐刚刚装修好的新家。甄小姐的家布置得十分古典，韵味十足，如诗如画的环境无一不是向外人诉说女主人的品位与爱好。

王琴琴看到了这一点，非常和善地询问起她的每一件家具的来历，并表示出极大的赞赏。甄小姐女士觉着王琴琴身上有股令她很舒服的气场，她也很开心和她聊天，她们从家居的风格到风水，再到新女性的经济独立、人格独立，天南地北谈了两个多小时，却对化妆品只字未提。

末了，甄小姐一高兴，买了许多昂贵的化妆品。此后，甄小姐成为王琴琴的老主顾，并为她介绍了不少新客户。一份难能可贵的客户关系就由一次不经意的拉家常开始。这其实就是王琴琴巧妙地运用了她的亲和力，让甄小姐愿意亲近她。王琴琴总能在客户面前散发出职业的亲和力，所以很多客户都愿意让她成为自己的化妆品顾问，她的人气也一直在提升。

有些员工的人缘特别好，即使是第一次与人接触，也特别吸引人，讨人喜欢。他们是不是在秘密地修炼一种独特的职业气场呢？是的，他们修炼的就是职业亲和力的气场。就像甄小姐，她努力让自己在客户面前保持很强的亲和力，客户受到她的感染，就很愿意与她交流下去，在交流的过程中，她又懂得利用自己的职业亲和力来让客户接受自己的建议，于是客户就很乐意她成为自己的化妆品顾问。

你要想成为企业里优秀的员工，修炼好全面的职业气场，你就得散发出你的职业亲和力，提升个人的人气，让更多的人愿意聚拢到你身边来，让他们为你的职业发展添砖加瓦。

2.

职场人脉气场的双向交流

气场是可以传染的。也许你不相信，但是仔细思考一下，你就会同意这个观点。例如，当你早晨刚刚走进办公室，看到每一个同事都洋溢着微笑，忙碌而拼命地工作，便会萌生出一股奋斗的激情，即便是刚刚还想着偷懒，也很快就将这个念头打消了。但是，如果同事们或是带着烦闷的情绪，或是在焦躁地抱怨，这时候你很快就会发出消极的心灵感应，情绪也会受到极大的传染，感觉提不起精神，丧失了动力。

再比如，当你置身于疯狂的体育场中，倘若周围的观众都兴奋地大喊着“加油”，那么用不了多久，即使你刚刚遭遇了职场的打击，也会放下烦恼举起拳头，与所有人一起声嘶力竭。现在，你该相信“气场是可以传染的”这句话了吧？

一个人很容易受到周围气场的影响，变得沮丧或是激昂；一个团队，更需要积极的氛围作为支撑，这样才能够在遇到困难的时候，相互鼓励和扶持，共同想办法解决问题。人脉搭建的气场更是双向交流的典范。

职场中这样的现象很常见：A君和B君互相都不待见。B君是后进公司的，他刚来的时候，A君就因为B君的工作作风而讨厌B君。B君本来对A君的印象很好，觉着他有很强的职业素养和耿直的个性，可是B君在与A君的接触过程中，A君故意在聊天中侧面地表露出对B君的反感。B君刚开始时不开心，最后干脆也讨厌上了A君，两人后来在办公室里就成为了对手，两人的职业气场也就犯冲了，而且两人因为工作上的关系不得不接触时，双发的职业气场都会有所削弱的，工作能力也是“1+1<2”。

这就是职场人脉气场的双向交流，一旦你向对方的气场辐射出“我讨厌你”的气场波段，对方也就很快能接收到，并因此而排斥你。与此同时，由于你的气场的强制侵入会阻碍对方气场辐射出正常的波段，这种能量的压迫会让双方都感受到一种压力，这个压力也就会让双方产生“我讨厌你”的感觉。这样的气场交流，必然只会让两个人越来越远。可见，要搭建人脉，营建自己的人脉圈，并且借此提升自己的气场，助力自己的事业，正面的、友好的气场交流非常重要。

乔致庸的大名我们并不陌生，他是晋商中的翘楚，开启了属于晋商的一段传奇时代。而他的成功，与他得到的几大干才有着直接的关系。

大德恒票号的建立，让乔致庸走上了一个新的平台。他深知人才的重要，因此格外提倡“不拘一格用人才”。而在乔致庸破格重用的人才中，最具有戏剧性的要数阎维藩。

阎维藩原为平遥蔚长厚票号福州分庄经理，与年轻武官恩寿交往密切。当恩寿为升迁需要银两时，阎自行做主为恩寿垫支白银 10 万两。为此，阎维藩被人告发，并受到总号斥责。后恩寿擢升汉口将军，不几年恩寿已归还了所借蔚长厚之银，并为票号开拓了业务。但阎维藩因曾经受到排挤和总号斥责，丧失了对蔚长厚的感情，决计离开蔚长厚，返乡另谋他就。乔致庸闻知此事，立刻派自己的儿子乔景仪在途中迎接阎维藩。因为乔致庸深知，阎维藩是个不可多得的商界人才。他命其子景仪等人一连等了几天，这才等到阎维藩。

回乡的途中，原本士气低落的阎维藩见乔景仪盛情迎接，心中不由大吃一惊。当乔景仪将其父乔致庸请他相见之意转达后，阎维藩感动不已，决定为乔致庸效力。乔景仪遵从父命又请阎维藩乘轿，自己骑马驱驰左右，并说明此乃家父特地嘱咐。阎维藩感到乔家如此敬他，十分难得，自己也应自谦，不能让年长的乔公子骑马。二人你谦我让，最后阎维藩只好把衣帽放在轿内，算是代他坐轿，本人则与少东家乔景仪并马而行。

当阎维藩来到乔致庸的宅院前，发现乔致庸早已到的消息，在家门口等候多时。乔致庸亲自把阎维藩迎入屋内，嘘寒问暖，好像多年不见的老朋友，又摆下丰盛的宴席款待阎维藩，极尽东家之谊。乔致庸暗中察看阎维藩，见他谈起票号业务，真知灼见，如数家珍。两人越谈越投机，乔家当场聘阎维藩出任乔家大德恒票号大掌柜。

乔致庸的热情款待与推心置腹，让阎维藩大为感动，决心报答乔家的知遇之恩，愿为乔家商业殚精竭虑，鞠躬尽瘁。从此，阎维藩主持大德恒票号长达26年。由于阎维藩身怀雄才大略，善于经营，使大德恒票号业务繁荣昌盛，每逢账期，每股分红能达到一万两左右。在甲午战争、义和团运动、庚子事件、辛丑革命中，由于社会动荡，有不少商号、票号遭受影响而倒闭，而大德恒票号由于阎维藩主持有方，每逢变故均能及时采取措施化险为夷。乔致庸的慧眼识人才，让他的财富事业飞速发展。

“投我以木桃，报之以琼瑶”，你对我有知遇之恩，我对你自当粉身以报。这是中国人的道德逻辑，也是人脉双向交流的又一个注脚。乔致庸的礼贤下士，对阎维藩尊敬有嘉，阎维藩当然会尽力相报，绝不辜负。这样的气场交流下来，当然会使两个人的关系更近，使事业更顺，使人脉更广阔。

所以，在职场中修炼气场，搭建人脉，一定要注意先用自已的正面气场影响和感染他人，才能得到他人正面气场的回应，从而使你们越走越近，人脉圈也越来越充盈饱满。

3. 利用现有的职业资源建立圈子

人是社会的人，每一个人立身处世都会与更多的人产生交集，和更多的人往来交际，从而形成自己固有的圈子。而这些圈子正是我们修炼气场的最佳舞台。善于利用自己的人际资源建立自己的圈子的人，往往都有强大的气场。在这个圈子里他努力地经营着自己的职业气场。同时在这个气场的影响下，就会有更多的人愿意成为他的圈中人。要知道气场强大的人在办公室里是有特殊的吸引力的，很多人愿意聚集到他们的身边来，也因此他的身边慢慢就有了以他为核心的圈子，而他就是这个圈子里的核心人物。

所以说，一个普通的员工若是学会利用现有的职业资源来建立圈子，那么他的职业气场必定能得到大幅度地增强，他的职业魅力也会骤增，他就能成为优秀的员工。

田申是一位很优秀的编辑，出过很多本市场反响很好的书籍。他大学毕业以后去了一个出版社工作，尽管他的文笔、思维和人文底蕴都是优秀的，但是他想写的书都是小众，出版社也不好推广，所以他在老板和同事的眼里算不得什么优秀。他尽管每个月也能拿一份不错的工资，但他并不舒服，他认为自己是背弃内心去写书，他要自己为自己写书，他渴望建一个由自己主导的写作圈子，他想自主地确立写作的方向。同事们认为他的思想太非主流了，也不愿意与他交流，其实，他的思想不过是小众的，他的人品还是极好的，可是没有人愿意去了解他。

出版社为了招到很好的兼职，在豆瓣上申请了一个小站，这个小站一直被田申所忽视，这一次田申在百无聊赖中登上了小站。小站的资源是共享型的，而里面很多资源对小众思想的田申是很有诱惑力的。他在小站内交到了很多思想小众的朋友，与这些朋友在一起聊天他是可以“放荡”的。他将那些不被出版社待见的选题提给站内的一些搞出版的朋友，完稿后再以公司的名义推出去，而这些小众的稿件在小站里受到了很多合作者的欢迎。

就这样，田申在这里结识了很多的图书公司的出版人，他还在小站组成了一个“小众选题出版研讨区”的圈子，利用这个圈子的影响，他将自己积压的不怎么受自己出版社待见的稿子“典卖”一空，很多图书出版人都想与他合作，他几乎成为了该圈子最有价值的作者，他也成为这个圈子的重要人物。他的小众书籍在市场上赢得了巨大的反响，公司的影响力也得到了提升。他很快就成为了公司里最有价值的员工，很多同事都羡慕他小众思想所生长出来的独特气场，也很愿意接近他，他们觉得自己可以从他身上学到很多有利于职业发展的资源。

当你建立了属于自己的圈子，在这个由自己主导的圈子里，你就能够工作得游刃有余，你的职业能力就迅速地提升，职业气场也有了很好的“沃土”去修炼了。

很多人认为职场里的圈子是很难建立的，因为自己是一名普通的员工，所以没有足够的气场能量来建立一个专属自己的圈子。其实，人们之所以聚集在某一个特定的圈子里，是因为在这个圈子里自己与某些人有共同的经历、共同的爱好或是共同的利益，是这么多的共同让自己有了搭建圈子的资源。你也完全可以尝试一下，利用手头上的资源主动去建立属于自己的圈子，你的职业气场就会越来越强大，你吸引的职业人脉也就越来越宽广。

柳斯是保定的毕业生，他学的是制药专业，祖辈都是老中医，父亲的中医馆在当地还颇有名气。柳斯是某一个小公司的普通员工，他想将家族的一些中药配方推广，他很想找到一个愿意让他“大显身手”的公司。但是他现在的小公司不怎么重视他，始终把他看作是职场菜鸟。

他去参加了一个由保定企业大亨组织的老乡酒会，他很希望自己能够在这个酒会上找到合适的合作者。姚宇也是保定人，从事制药行业多年，现经营一家大型的制药公司，他也是这次酒会的举办人之一。酒会上，柳斯意外地进入了姚宇的视线，姚宇得知了柳斯的职业构想和家族背景后，立马揽柳斯入自己的“麾下”。

酒会过后，在姚宇的帮助下，柳斯就建起了自己的“老中医配方”的圈子，越来越多的企业大亨成为了他的圈内人，愿意为他的秘方埋单，他辞去了在原公司的工作，成为了姚宇公司里最“火红”的员工。

懂得利用现有资源建立圈子的员工，必定能够拥有更多的条件来提升自己的职业能力，修炼好自己的职业气场，也注定能成为公司里最受人瞩目的员工。

4. 要把自己“包装”成圈中人

我们常说：“圈子对了，事就成了。”“圈子对不对”对于“事情成不成”，影响是相当大的。所以，如果你想做一件事情，就一定要找对“圈子”，即便你不在那样的圈子里，也不妨把自己“包装”成圈内人，用你的魅力感染别人，一样可以把事情办成。

他，一名刚刚从英国大学毕业回来的海归硕士，因为要求过高一直没有在北京找到一份合适的工作。一日，他在招聘网站瞎逛，突然看到一家英国的跨国企业在中国区招聘一个职位，这个职位几乎就是为他量身定制的。但这个肥差却有很多的人来竞争，他就这么单枪匹马也不一定就能应聘成功。他突然想到前几天人人网上看到该企业的高管个人信息，高管曾就读的学院正好是自己留学时一个朋友的母校，于是他就利用自己在朋友口中听到的关于那所高校的描绘，写了一封特殊的求职邮件。

这封邮件里，他还特意地强调了自己的“自由人”身份，渴望寻找到一份很好的工作。他把自己强调成为对方的校友，其实他不是，他这么做的目的就是想把自己包装成他“亲近”的人。

他在邮件里重重地着墨在美好"回忆"上，并且恳切地要求"学长"能给他一次机会。

他的确也是抱着一些希望的，但他也知道结果很可能不理想。可是他没想到"学长"当天就给他回复了一封邮件，"学长"让他不用面试明天就可以直接来上班了。后来，他取得了这个难得的职位，学长也成了最熟悉的顶头上司。他在岗位上的工作能力很强，于是他很快地就成为了该公司最为优秀的员工。

职场中，一个有意于职员发展的机会是极其难得的，这个是需要职员自己去争取的。每个去竞争的员工都会有自己的一技之长，而这个"长"却不能保证他就能抓住这个机会。你要想独占这个机会，你就必须保证自己是某个优秀的圈中人，这样你就有了群体的力量了。在这个圈子的影响下，你就不是一个人在战斗，你拥有了一个优秀圈子的大气场，这个气场就能助你狠狠地把握住这次机会。

有时候，办公室里会存在一个很小的圈子，有一些员工总是喜欢游离于这样的圈子之外，总认为这个圈子不值得他去融入。其实想要提高自己的职业能力，增强自己的职业气场，就要学会与职场中任何一个圈子打交道，尤其是办公室里那些看似不起眼的小圈子，这里面往往有着巨大的能量。你若懂得把自己"包装"成圈中人，从而融入到这个小圈子里，你将会收获很大。

某矿业探测公司新来了一批员工，其中的武航算是最有潜力的员工，他是专业人才，且从小企业跳槽过来，在探测方面很有自己的经验。负责带新人的齐翼是公司资格很老的员工，公司更是器重他，让他和几个老员工带领这批新的员工，为公司培养新的人才。但是齐翼平时好拉帮结派，而且在他组成的"小圈子"里他们都非常地排外。在公司的一次抱着试试看的练兵中，齐翼领着武航等一批新的员工出发了，此次的任务主要去某个山区去探测煤矿资源。

"这地底肯定有煤矿，我敢肯定。"武航眉头紧锁做思考状，凭他多年在小煤矿企业的打拼经验，他确实可以断定。因为他最多的经验就是去一些小的地方探测煤矿。而齐翼不以为然，他认为这个地势根本不可能有煤矿资源，他当即否定武航，斥责他："你知道什么，在小煤矿公司待个几年就以为知道这行业窍门了？你还是慢慢学吧。"

武航很不服气，但是他又不能直接与齐翼闹翻。他回公司后立马把这地方的煤矿资源的信息告诉了老总，老总也不相信他，说他不能很好地融入齐翼那帮老员工的圈子，他需要向老人学习等等。武航想了很久，他觉着若是把自己包装成"小圈子"的圈中人，没准自己的想法就不会遭到众人的反对了，说不定还能学到很多新鲜的职业知识。于是他也尝试着要与那帮老员工的工作步调一致，他在齐翼面前的姿态也虚心多了，果然，齐翼看他越来越顺眼了，圈里的人也慢慢接受了他，也很愿意传给他一些公司生存之道。武航也学到了一些新鲜的勘测技术和公司的一些隐藏的企业文化，也正因为如此，他才在公司里工作得越来越顺心了。

齐翼有自己的小圈子，这个小圈子有它独特的气场存在，而武航刚开始却要扰乱这个气场，自然会不受欢迎。后来，他把自己包装成为了圈中人，就等于是融合了这个小圈子的气场，他个人的职业气场也就随之提高了，他在职场上也就有了凸显自己的机会了。若是我们为了你某个同事而远离了公司的"小圈子"，你退得越多，"小圈子"就会追你越紧。等到你退到无路可退的地步，"小圈子"是撵不上你了，大圈子也会把你抛弃了。

所以，无论怎样，你在职场中都要把自己包装成某个圈子的圈中人，有了圈子，你就有了提升自己职业能力的存储所，你也就有了职业气场修炼的助推器。当你一点一点融入到新圈子里去以后，你就会成为他心中的一分子，这个"圈子"也就理所当然地成为了你的"人脉圈"，你的气场必然也会随之升级。

5. 搭建职业人脉时需要拿捏"最佳距离"

一个人的能力和精力是有限的,成功的秘诀之一就是重视利用各种关系,通过集体的力量提升成功的概率。一个广结善缘、人脉广大的人,他事业的成功必然会比别人容易得多。所以,真正气场强大的人,比谁都懂得搭建自己的人脉圈的重要性,懂得积极地交朋结友,把人脉当成财富一般来经营,从而强大自己的实力,提升自己的气场。

在美国内战爆发之初,人们经常热衷于谈论几位总统候选人的条件。有一次,在提到林肯时,一个人说道:"林肯一无所有,他唯一的财富就是众多的朋友。"的确,林肯非常贫困,当他当选为德州议员时,他特地借钱买了一套比较高档的服装,以便在公众场合出现时显得比较正式些,并且,他还徒步走了一百英里去就职。还有这样一件轶事,那就是在林肯当选为美国总统之后,他为了把家人接到华盛顿,不得不向朋友借钱。然而,就是这样一个在物质上窘迫困顿的人,在感情上却非常富有。他的朋友众多,而且大多数的朋友都是肝胆相照、不计回报的"铁杆"。所以,当他竞选时,他的这些众多的朋友甘心为他驱策,为他奉献一切,无怨无悔地支持他,并最终使他赢得了大选。

可见,对于成功而言,人脉比金钱、比权势、比能力更为重要。一个人事业的成功,80%归功于与别人相处,得益于别人的帮助。所以人脉相当重要。人脉就是财脉,人脉就是事业脉,人脉就是成功脉。

人脉资源是一种潜在的无形资产,是一种潜在的巨大能量。人脉资源越宽广,做起事来就越方便,越简单,越顺利。可见,搭建丰富有效的人脉资源是我们到达成功彼岸的不二法门,也是一个人提升气场的重要内容。试想，在危机四伏或是地生人远的困境中，人脉广阔的人忽能拉来援兵，那么，他在同事面前的气场是不是会大大提升？别人都无法搞定的事情，却由于自己的人脉关系，轻易就能搞定，你的气场还有谁能及？所以，搭建人脉，其实是提升气场的重要内容。

但是，搭建人脉却并非易事，其中涵盖着所有做人与做事的技巧和奥妙，包含着无尽的智慧和秘密。深不得浅不得，远不得近不得，智不得蠢不得，推不得拉不得，亲不得恶不得……但有一条，只要掌握了基本的人际交往的“距离原则”，探求到人际关系建立的关键秘密，你也一样可以深浅自如，进退随心了，你的人脉网络也就随之而生。

有一个著名的小故事，其实是对人际交往距离原则最好的解释：

雪后的山林很冷，两只刺猬碰见了，双方都冷得发抖，它们想到了抱在一起取暖。于是它们就紧紧抱在了一起，但是对方都感觉自己被刺痛了，都在埋怨对方，最后大打出手，双方都在争斗中受伤了，瘫软在雪地里，毫无反应。农民看见了两只不动的刺猬，就非常轻松地捡起了它们，准备用它们的肉做一顿完美的晚餐。

还是在这个寒冷的山林里，也有两只刺猬冷得发抖，它们也准备要在一起，它们在彼此靠近时，也都被刺痛了，但是双方为了抵御寒冷压住了脾气。两只刺猬三番五次地分了又聚，聚了又分，徘徊在寒冷和被刺痛两种痛苦之间。很快，它们就找到了一个互相取暖的最佳距离，双方都不会刺痛到对方。农民看见了这两只在一起取暖的刺猬，想逮住它们，可是等他一靠近这两只刺猬，它们就非常机灵地逃走了。

员工在职场上就像是一只刺猬在寒冷的山林里，也是需要“取暖”的，这个“取暖”就是要搭建合适的人脉来帮助自己提升职业能力和气场，这时候就需要拿捏“最佳距离”。要保证自己和搭建的人脉能在一起“取暖”成功，还要保证自己和对方的职业能力和气场都不冲突，在不需要对方时还能迅速地分开，这时候“最佳距离”就能发挥非常大的作用。而不懂得这一点，就注定会吃亏了。

刘兴应聘到公司任职不久,部门经理就对他说:“老弟,我随时准备交班。”说心里话,当时刘兴也是这么想的,因为经理是自学成才的,知识和修养有着先天不足。而刘兴是大学毕业后,在外资企业已有五年的工作经验,独立又有主见,工作能力强。经理在一次与刘兴的沟通中,让刘兴说一下自己的缺点。刘兴在与经理相处的过程中,也渐渐地把经理当作了朋友。于是他觉着自己与经理之间可以坦诚相见了,因为他在内心深处对经理已经没有了距离。刘兴当下就特别仔细地说出了经理的很多缺点,譬如不爱学习,工作态度有些马虎等等。经理听完之后,表面上对他客客气气,还说要感谢他的忠言,背地里恨透了刘兴。紧接着,部门经理就渐渐疏远了他,不给他提供好的工作机会,他慢慢地失去了施展才能的舞台。

上司毕竟是上司,即便他的性格再好,他还是上司。职员不能因为上司平时对自己很信任,或者把自己当朋友看,就误认为彼此之间没有距离,这是极其错误的想法。作为下属,职员还是要拿捏最佳距离,上司让自己说一些对他的意见,自己不可全说,挑不太要紧的说,这样既满足了上司的“自省”和“兼听”的目的,也满足了你“讨好”上司的目的。职员若是真把上司当作真心的朋友,硬是以一个朋友的身份向上司提一堆“忠言”,结果当然是悲惨的:他铁定被上司“雪藏”起来,职业能力从此没有机会去提升了,个人的职业气场也在压抑中越来越弱。所以,坚守“距离原则”,保持“最佳距离”,才是使自己人脉广大、气场强大的最大秘诀。

那么,如何保持“最佳距离”呢?

1. 话语距离:关系再好也不能无话不说

Andy 和 Grace 是共事多年的老同事了。有一次,Andy 在其他同事都在场的情境下大大咧咧地问 Grace:“你真的没怀孕?为何你的肚子那么大?”Grace 无奈地反问:“你是在说我胖吧?”话音刚落,Grace 的脸色立马就变了,恨不得挖个地洞钻下去。

有些话，即便关系再好，也不要说。说得不好，你的朋友就已经悄悄离开你了。同时，尊重别人的隐私，不要过多地关注他人隐私。每个人都有属于自己的私密空间，请不要轻易涉足，记住职场不是娱乐圈，你也不是一名狗仔。

公共场合一定要尊重对方的发言。当别人开口说话时，你便是一名听众，随便插话和心不在焉的做法都是让人不安的表现。

在背后议论同事是非。职场并不是一个密不透风的环境，你的一举一动都有可能成为别人的把柄。

经常向同事借钱。原本友好的同事关系一旦牵扯到利益，就容易变质。

肢体接触过于密切。切忌因为关系密切了就对人“动手动脚”，这是极其不礼貌的。

工作时间制造噪声，影响其他同事工作。当你打破良好的办公环境时，其他同事不向你提意见并不意味着他不介意，所以你还得自觉维护一个相对安静的办公环境。

每个人心里都有一条安全底线，但是距离因人而异。所以职场人士在与同事的日常交往中还需学会把握分寸，即使再熟悉，也记得留意脚下那条不可逾越的黄色安全线。熟归熟，但也要注意分寸，“零距离”接触只会让人产生不安全感。如果遇到讨人厌的同事，一件“虚伪”的外套是你必备的选择。

2. 交际距离：关系再差也不能一句话不说

职场毕竟是个“抬头不见低头见”的地方，即使你再讨厌一个人，都必须牢记在见到被你讨厌的人时要笑脸相迎并亲切地说声“早安”或是“你好”，不然，被你讨厌的那个人还不知会在背地里如何大肆向他人宣扬你的不是。要知道人类的语言是拥有一定魔力的，当一句假话被人说上一百遍之后，即使它原本是虚假的，到最后也会变成真实的。因此，即使你的评价在他人那里再好，久而久之也会因为这份“恶意”而一落千丈。

若你无法完美地控制自己的情绪，做不到笑脸相迎并且愉悦地向对方进行问候的话，请尽可能做到以下几点：

(1)纯粹地将对方看作是你一个重要的客户；

(2)尽可能地绷紧“工作”这根警示弦；

(3)在心中默念十遍或是更多遍“对方只是路人甲”,尽量淡化对方在你心中的存在感;

(4)与对方说话时,可以选择将视点落在对方以外的其他地方,但痕迹不可太过明显;

(5)三思而后言,宁可让人感觉你是反应慢半拍,也千万不要与对方“针锋相对”。

“最佳距离”是相当重要的。优秀员工在搭建职业人脉时懂得拿捏“最佳距离”,这样他们的职业气场处在最舒服的位置,不论是上司、下属、同事还是客户,都能从他们的身上感受到一份自信的职业能力,对方也愿意信任他们,助他们一臂之力。你要是如此,你的职业气场在众人的烘托下也必定会越来越强。

6. 用人脉营造气场,助你平步青云

搭建人脉、营造气场,都不是目的,促进自己的职业进步、获得自己的成功人生才是。因此,我们不仅要善于搭建人脉,还要善于利用人脉提升气场,让自己借力如风,平步青云。

织田小山刚进索尼公司时,索尼只是一个有着二十多名员工的小企业。不过,老板满怀信心地对他说:“好钢用在刀刃上,我知道你是一个杰出的电子技术专家,我一定会把你安排在最重要的岗位上。我任命你为研发新产品的负责人,希望你能够发挥榜样的作用,充分调动起其他人的工作热情。企业的命运就掌握在你手中;假如你能走好这一步,我们的企业必将前途无量!”

“我？我的经验不够丰富。尽管我非常愿意担此重任，但是确实怕有负重托呀！”尽管织田小山非常自信，但他很清楚老板给他的担子有多重。

一个人的力量是绝对应付不过来的。“对于任何人而言，新的领域都是陌生的。你一定要和同事们精诚合作，这样才能使你的力量变得更强大！众志成城，一定能够战无不胜。”老板用信任的眼光看着织田小山。

织田小山突然充满了自信：“是啊，我可不是一个人，我还有二十多位伙伴呢！我可以请教他们，和他们一起奋斗。”就这样，他找到信息部的同事了解情况，信息部的人建议他：“眼下，美国已经开始采用晶体管技术，不仅非常轻便，而且大大降低了成本。我们建议你在这方面多下一些功夫。”他感激万分：“非常感谢，我一定会朝着这方面努力的！”

然后，他又找到市场部的同事一起探讨销路不畅的问题，市场部的人告诉他：“磁带录音机之所以不好卖，一是价钱太贵，每台售价 16 万日元，普通人很难接受，半年也卖不出一台；二是太笨重，一台大约 45 公斤。如果你能使它变得价格低廉、轻便，销路一定会大好的！”织田小山点头称是。

在研制过程中，他又和生产第一线的工人团结起来，精诚合作，终于攻克了一道又一道难关，于 1954 年成功研制出日本最早的晶体管收音机。这种收音机不仅价格便宜，而且体积很小，便于携带，迅速地占领了市场。从此，索尼公司开始了企业发展的新纪元！

织田小山依靠团队合作的力量，最终获得了成功，荣升为索尼公司的副总裁。

职场其实就是一个小社会，强大的人脉关系正是引领我们走向成功的基础，人脉关系就是气场的强大源头。有超强的人脉关系，并且善于利用这些关系营造我们的气场，就没有什么事办不成，就必然会借力好风，直上青云。

气场在职场上就等同于有号召力的人气，而人脉就是人气形成的基础，也就是说，利用人脉来赚足人气，就可以增强自己的气场。员工的职业气场修炼是需要人气作为基础的，他们锻炼职业能力的空间也是人气提供的，只有具备好的人气，才能成为优秀的员工。

刘炳坤是亨达机械公司的一名经理，他之所以能从一家小五金店上升到今天的位置，靠的就是积累人气。

最早刘炳坤在一家小的五金店打工，他的头脑非常灵活，很快他就成为老板最欣赏的员工。他觉察到机械行业比五金行业更加有前途，于是他跳到了一家很有名的机械公司。他很感谢五金厂老板的知遇之恩，他为自己的离开而对老板抱有歉意。他走之前也向五金厂老板说出了自己的一些想法。

他的一些想法后来对老板的五金店很有用处，老板一直对刘炳坤心存感激。后来，刘炳坤成为了该机械公司的重要员工，公司派他去下面收购一些小的五金店来壮大公司的声势。这时候原五金店的老板正好找到了他，老板想退休，将五金店托给自己最信任的人，刘炳坤就是他的第一选择。刘炳坤得到了这个五金店之后，很快得到了公司高层的嘉奖，提拔他为市场部经理了。

要想用人脉来营造专属自己的职业气场，就要学会在平时的工作中结下足够的人缘，利用善缘来聚拢足够强势的人气，紧接着，这个强势的人气就一定会对你的职业发展大有裨益。

人脉给了你良好的职业空间，供你修炼强大的职业气场，你善于制造共同体验也好，搭建人脉也罢，不论是什么样的途径，你得到了足够多的人脉，聚集到了足够强的人气，你就是建立了积极向上的职业气场，你在职场上就可以平步青云了。

第八章

言行得当，一言一行提升气场能量

一个人言行得当，举止得体，就自然能得到领导的赏识、同事的欢迎和客户的信任，他的工作自然也能轻轻松松，顺心遂意，气场能量必定就能得到大幅度的提升，成为周围人的核心，职场之路也能走得顺风顺水，一路畅通！

1. 用有效的语言感染对方

梁代刘勰在《文心雕龙·论说》中写道："一人之辩，重于九鼎之宝；三寸之舌，强于百万之师。"也有"一言可以兴邦，一言可以误国"之说。英国作家麦卡雷说："舌头是一把利剑，言语比打仗更有威力。"人生制胜亦是如此。一个人除了行为举止之外，还有什么最具强大的影响力、号召力、感染力和魅力？毫无疑问，是语言。语言是一个神奇的东西，运用得当，它可以产生强大的磁场，不仅吸引成功向你飞来，还会让你赢得掌声、赢得赞美。反之，如果不懂得合理运用语言，那么唾手可得的成功反而会与你产生相斥作用，渐渐离你远去。所以语言比你的心态、气势更能表现出你的气场。那些伟大的人物，例如林肯、丘吉尔、蒙哥马利、周恩来、卡耐基、奥巴马等，无一不是运用他们无可比拟的超强口才征服了人心，征服了全世界。

"二战"时期的英国首相丘吉尔，不仅是世界著名的政治家，也是最受人赞赏的演说家。丘吉尔曾被美国《展示》杂志列为近百年世界最有说服力的八大演说家之一。丘吉尔也是特别注重气场说话术的人。第二次世界大战中，就在德军于 1941 年 6 月 22 日大举入侵苏联的当晚，丘吉尔即发起了援助苏联抗击德国法西斯的演说。在丘吉尔的演讲稿上，后人发现有他的多处亲笔标示，如："此处论据不足，应当提高嗓门"等。可见丘吉尔对于气场说话术琢磨的功夫之深。

其实，丘吉尔不仅是一个伟大的政治家，还是一位伟大的作家、记者与演说家。他在 1953 年获得过诺贝尔文学奖。他最著名的作品有《第一次世界大战回忆录》，六卷本的《第二次世界大战回忆录》，还创作了《伦道夫·丘吉尔勋爵传》《英语民族史》等多部小说和回忆录。他一生中写出了26部共45卷（本）专著，几乎每部著作出版后都在英国乃至全世界引起轰动，获得如潮好评，被翻译成多国文字在世界各国广为发行，以致《星期日泰晤士报》一度断言："20世纪很少有人比丘吉尔拿的稿费还多。"此外他十分喜欢绘画，曾有多幅作品在拍卖会上被买走。但最著名的还是他滔滔不绝的口才。瑞典文学院在授予丘吉尔诺贝尔文学奖的颁奖词中说："丘吉尔成熟的演说，目的敏捷准确，内容壮观动人，犹如一股铸造历史环节的力量……丘吉尔在自由和人性尊重的关键时刻的滔滔不绝的演说，却另有一番动人心魄的魔力。也许他自己正是以这伟大的演说，建立了永垂不朽的丰碑。"S·席瓦兹院士在颁奖词中还说："丘吉尔在政治上和文学上的成就如此之大……此前从未有过，一位领袖人物能两样兼备，而且如此杰出。"的确，为丘吉尔树立了不朽的丰碑的不仅是他的作品和气场说话术，而且是他作为一个政治家和反法西斯斗士的光辉业绩。

蒙哥马利元帅也是一位善于用口才打造气场的高手。在1944年6月的诺曼底登陆战中对担负突击任务的士兵发表演说，极大地鼓舞了士兵的士气。他说："你们正在做一件无与伦比的大事情。从此世界将因为你们而完全变成另一番样子，历史将会为你们而树立一座丰碑，写上：你们是迄今最出色的军人！你们即将要开辟第二战场，你们所负的责任就是出色地执行自己的任务，而且最终成为一个自豪的人，回到家乡与亲人团聚。"他的话顿时便激起了士兵们毫无畏惧的战斗精神，士兵们高呼着："前进！必胜！"群情激昂，士气大振。

在很多时候，语言的力量是惊人的。特别是那些感染力强的演讲，更是有着改变世界的力量，那种深入人心的强大气场，足以感染和打动任何人。

1963年8月28日，美国黑人民权运动领袖马丁·路德·金在华盛顿特区组织领导了一次25万人的集会和游行示威，反对种族歧视，要求民族平等，当游行队伍到达林肯纪念堂前时，他发表了著名的《我有一个梦想》演讲。在这次演讲中，他首先热情洋溢地赞扬了多年前林肯签署的《解放宣言》，然后，话锋一转，指出了今日，黑人仍处在水深火热之中，号召黑人奋起斗争，并且以诚挚抒情的语调，描述了黑人梦寐以求的平等、自由的理想："黑人儿童将能够与白人儿童如兄弟姐妹一般携起手来"、"上帝的灵光大放光彩，芸芸众生共睹光华！"这篇讲稿内容充实，感情炽烈，气势磅礴，产生了极强的感染力，是一篇反抗种族歧视、争取民族平等的战斗檄文，大大推进了美国黑人的民权运动。

感染力强大的语言具有惊人的力量。历史上，很多口若悬河、能言善辩之士，凭着三寸不烂之舌，活跃在政治舞台上。他们有的劝阻战争，化干戈为玉帛；有的怒斥奸佞，以正气压倒歪风；有的巧设比喻，以柔克刚，争取盟友；有的反唇相讥，绵里裹针，瓦解敌阵。诸葛亮"舌战群儒"和"智激周瑜"就是家喻户晓的故事，《三国演义》还在第九十回描写了诸葛亮"兵马出西秦，雄才敌万人，轻摇二寸舌，'骂'死老奸臣"的故事。蜀魏两军对阵时，魏臣王朗到阵前来劝降，曾经舌战群儒的诸葛亮，把王朗说得一文不值。王朗气盛，羞愧不已，一头撞死在马下。孔明的"三寸不烂之舌"，当真抵住了成千上万的敌军！

在职场也是一样，极具感染力的语言有时比资金、实力和一切的承诺都更有力量，更能打动人心，感染对方，说服对方，让你的工作一帆风顺。

一名家用电器公司的推销员挨家挨户推销洗衣机，当他到一户人家里，看见这户人家的太太正在用洗衣机洗衣服，就忙说："哎呀！这台洗衣机太旧了，用旧洗衣机洗衣服是很费时间的，太太，该换新的啦……"

结果，不等这位推销员说完，这位太太马上驳斥道："你这是说的什么话啊！我这台洗衣机很耐用的，用了几年都没有出现过故障，新的也不见得好到哪儿去，我才不换新的呢！”

过了几天，又有一名推销员来拜访这位太太。他说：“这是令人怀念的旧洗衣机，因为很耐用，所以对太太有很大的帮助。”

这位推销员先站在太太的立场上说出了她心里想说的话，这位太太非常高兴，于是她马上说道：“是啊！这倒是真的！我家这台洗衣机确实已经用了很久，是旧了点，我倒想换台新的洗衣机！”

于是，这位推销员马上拿出洗衣机的宣传小册子，请她选一款适合她的，太太高兴地选了一款，并且马上付钱买了下来。

能说会道的人，总是更容易成功，因为他们更有气场，更能打动别人。在我们的身边，不乏一些有成就、有能力、有地位的人，我们可以发现他们都有一个共同的特点——能说会道。平时我们看不到他们出大力，也看不到他们大费周折，更看不到他们下苦工夫，但他们却不管做什么事都能顺风顺水，游刃有余，靠的就是一张会说话的巧嘴。其实不仅仅在职场，在任何地方，能说会道的人都能比别人办事更顺畅，把事情办得更漂亮，而且不管多难的事，他们都能办好。

阿华准备借助朋友于某的旗号做生意，来打开西北的市场。没想到，当他将一笔钱送给于某的当天晚上，于某发生了车祸，死在医院里。这时候，阿华立刻陷入两难境地：开口讨回钱吧，有点太势力，给人雪上加霜；若不讨回，商场如战场，一刻也不能耽误。再说自己的资金也不好周转。

帮忙料理完丧事，阿华想出一个好主意。他是这样开口的：“真是可惜，没想到于哥他竟……好在有嫂子您支撑着。不如这样：于哥在生意场上的朋友你也认得，你出来做下去，我在后面为你跑腿，吃苦受累的事我大老爷们不怕，你如果愿意，咱们早些下手。商场如战场嘛！”

看他，丝毫没有讨钱的意思，却还豪气冲天，义气感人，其实他明知于妻没有能力也没有心思干下去。结果呢？于妻反过来安慰他道：“这次出事让你生意上受损失了，我是没法干下去的，你还是把钱拿回去再找机会吧。”

会说话与不会说话大不一样。“会说”,便事事顺利,不管什么样的事都能办得成;“不会说”,则难免四处碰壁,小事也会办得磕磕碰碰。所以,能说会道不仅是能力,更是决定事情成败的关键。能说会道的人,说话得体的人,气场自然强大,做任何事情都能得体自然,玲珑有致,受人欢迎。

你得学会在与对方的沟通中说出最有效的语言,这样的语言才能感染到对方,对方也会从你的语言中看到你的职业气场,有了这些,对方才会与你有进一步的接触,愿意成为你工作上的合作伙伴,你才有可能成为职场上的优秀员工。

2. 用赞美打开他人心扉

“良言一句三冬暖,恶语伤人六月寒”,当你由衷地赞美周围的人时,你就会发觉赞美是很有力量的。然而,在职场中,不是每个人都会运用赞美的力量,具备这个力量的职业人员都是很有气场的。

每个人都需要被肯定,尤其是得到他人的肯定。爱听溢美之词是人的天性,虚荣是人性的弱点。人人都需要赞美,需要别人的肯定。真诚而又充满智慧的赞美,一定能让别人喜欢你、相信你,进而信服你,心甘情愿地帮助你,从而提升你的气场,助力你的成功。因此,在与他人相处时,不妨多说赞美话,少说批评语,这样就可以提高、润滑你的人际关系,让你到处受欢迎。

法国总统戴高乐访问美国期间,在一次尼克松为他举行的宴会上,尼克松夫人费了很大劲布置了一个美观的鲜花展台:在一张马蹄形的桌子中央，鲜艳夺目的热带鲜花衬托出一个精致的喷泉。精明的戴高乐将军一眼就看出这是主人为了欢迎他而精心设计制作的，不禁脱口称赞道："女主人为举行一次正式的宴会一定要花很多时间来进行计划和布置，才能让一切这么漂亮、雅致。"尼克松夫人听了，十分高兴。事后，她说："大多数来访的大人物要么不加注意，要么不屑为此向女主人道谢，而他总是能想到和讲到。"而且尼克松夫人还在很多政要面前提及戴高乐的这一次赞美，并大赞他的人品。这使得戴高乐在美国一些政要心目中的形象非常好。

可见，一句简单的赞美他人的话，会瞬间增强你的气场，为你带来惊人的人气。

美国著名心理学家威廉·詹姆斯说："人类本性中最深的企图之一是期望被赞美、钦佩和尊重。"希望得到尊重和赞美，是人们内心深处的一种愿望，如果你善于满足别人的这种愿望，那么你肯定能受到别人的欢迎。

莎士比亚说："夸奖他事实上并不拥有的美德。"因此，不要认为别人不值得你赞美，任何人都会有他的优点，都有值得赞美的地方。

有一位帅哥，人缘奇佳，而且不管男女，都对他赞誉有加。他的朋友很奇怪，不就是长得帅点吗？咋就有这么大的魅力？于是跟着他想学学有啥奇招。

这天，两个人去谈业务时，遇到一位相貌吓人、奇丑无比的女士，那位丑女做过自我介绍后，帅哥很真诚地夸她说："你的名字真好，通俗易懂。"丑女感到非常高兴。这单生意做得非常顺利。而且丑女还非常热心地帮他们介绍了另一桩生意。

回来的路上，帅哥的朋友很不解地问他为什么这么夸她。帅哥解释说："遇到一位女性，如果她有几分姿色，那么你就称赞她漂亮；如果她算不上漂亮，那么你就称赞她可爱；如果她可爱也算不上，你就称赞她有气质；如果她连气质也谈不上，那么就称赞她有个性；如果她性格也一般，那就称赞她名字别致、脱俗；如果连名字都很一般，那么你还可以称赞她的名字通俗易懂。"

帅哥的朋友这回彻底服了。

赞美其实是很难拒绝的“诱惑”。不管是男人还是女人，总是喜欢听到别人的夸奖。曾有一位名人说过：“人性最大的欲望莫过于受到外界的关注与赞扬。”的确，在生活中，只要你给予他人多一分关注和毫不吝啬的赞美，人们自会感怀在心，牢记着你的每一句话，甚至在你早就忘掉自己的赞美之后，他们仍将视同珍宝般反复地从记忆中取出，慢慢地咀嚼、细细地品味。因此不要吝啬自己的赞美，真诚的赞美能让人感怀一生。

一天，某公司刚来不久的一位员工在午饭后休息的时间里，用自己包里随身携带的工具修好了卫生间里漏水的水龙头。这件小事被公司的总经理知道后，马上召开了一次全体员工大会。在会上，总经理当着所有员工的面，把那位修水龙头的员工请到了主席台上，大力表扬了一番后，又号召全体员工向他学习。

坐在下面的员工见老总亲自召开大会的目的竟只是为了表扬一下做了一件普通小事的员工，便都不以为然。因为修水龙头这种事在他们眼里毕竟太小了，不足以登大雅之堂，所以私下里都认为老总是在“作秀”。

然而，那位受到表扬的员工，在感动之余热情高涨，他视公司的事为自己的事，把公司当成自己的家，事事为公司着想，后来成了公司的骨干力量。

真诚的赞美比世界上任何的鼓励都更有效。别小看一句小小的赞美，它就是一颗火种，能激发出一个人最大的潜力，点燃一个人熊熊燃烧的热情。在公司里，如果你经常对同事说：“你真能干”、“跟你合作我太高兴了”……你的人际关系就会出现奇迹。因为这样真诚的赞美会打开别人心中所有的藩篱，与你坦诚相待，真心相对；如果你经常对下属说：“干得好！”、“太棒了！”，有时再加上“多谢了”、“太感谢了”，那你的团队将效率倍增，因为真诚的赞美会激发出他们深藏的热情，这样的热情足以创造出奇迹。要及时去发现下属中谁该有什么需要你道谢的事情。每次说一句“谢谢你”，其实就等于表扬了一次，也是对下属所做的事情的一种赞许。当你能让人们知道你是如何感谢他们时，当你能为了一些微不足道的事情表扬他们的时候，他们就想为你做更多的事情。这样一来，你就获得了驾驭别人的能力。

台湾有位女明星需要一两个短剧本，她希望日本一位很有名的作家能够为她动笔。这位作家学贯中西，文笔风趣，但他的脾气很古怪，一般人的约稿经常被他拒绝。

这位明星打电话给她的朋友，请教该怎样向他开口提出要求。

“你究竟打算请他写些什么短剧呀？”

“我希望他替我写男女别恋，不过要有新的内容，不要以前的故事。”

“这样很好，他以前写过不少这类的东西，你只需要说知道他写过这些剧本，十分崇拜他就行。”

过了两天，这位明星给她朋友打电话，很高兴地说：“他不等我提出要求，就答应替我写两出短剧了。”

她朋友说：“你们晚餐时，你一直在谈论他过去那些得意之作，是吗？”

“你猜得对，我主要是讲他的作品在台湾如何受人喜爱。”

任何一个人都不会拒绝你作为一个倾听者的角色去赞美他，而且，不管是中国人，还是外国人，没有人不想听到别人的赞美。当他在你的赞美声中露出满足的笑容时，你的气场实际上已经在他的眼中放大了。

3.

巧用鼓励占尽职业先机

鼓励的话人人都会说，但是在职场上，不是每个人鼓励的话都能对别人起到很大的作用。怎么去鼓励，鼓励时用什么样的心态等等，这些都是决定鼓励是否能奏效的因素。因此，鼓励也是需要施用者具备一定的个人气场，利用这个气场来对别人进行鼓励，才能发挥重要的作用。

鼓励不仅仅是赞许，有时候，对方不见得就是做对了某件事，或许他还把某件事做糟糕了，但是你还是需要跟对方说一些肯定的话，这也是鼓励。换言之，鼓励除了赞许以外，还多了一层意思，那就是宽容。可见，鼓励不但能锻炼一个人的职业能力，也磨炼一个人的职业气场。当然，一个职业员工如果能巧妙地运用鼓励，那他就能够在工作中赢得更多的追随者，为自己的职业生涯带来更多的发展机会。

刘斌是某高校信息技术学院的设备管理处的员工，他在这里工作三年多了，他在学院里的人缘非常不错。最近，学院的设备管理处来了一位实习生，他叫关一山，是本学院的研究生，他特地请求导师安排自己来这里锻炼。由于信息技术学院是该高校最有实力的学院，它的电子设备异常的多，设备管理处的员工也很多，同事之间的竞争也很激烈，都想爬上设备管理处组长或校管理处组长的位置。原因很简单，该高校越来越重视硬件设备，领导决定每个学院都要再添一个设备管理组长，学校还要添两名设备总组长。这些职位对于他们都是极具诱惑力的，包括刘斌。关一山当然不用想那么多，他不过是来实习的。

可是，设备管理处的同事都不这么看，都认为他是高才生，没准就留在这里，霸占他们垂涎已久的位置。也因此，关一山进来这里实习，工作上的事几乎没有人愿意帮助他，他只好自己一个人慢慢摸索。每一次学生上完课后，设备都会有一些磨损，关一山就需要学着去保养他们。他并不太懂，一个人摸索地干着，结果把一个很重要的设备弄罢工了，这下他可急坏了。这个设备可是价值几万元，他脑门上都沁出了豆大的汗珠。

刘斌将这一切都看在了眼里。刘斌走近关一山，笑着对他说："小伙子胆儿挺肥的啊，居然敢一个人将这么重要和复杂的设备拆了，你居然还给安装好了，果然够聪明，我在设备处待了这么长时间，也不敢随便拆这么重要的设备，因为我也不能保证能把它安装成功。"

关一山本来挺紧张的，被刘斌这么一说，就更紧张了，他吞吞吐吐地说："刘老师，这个能修好吗？"刘斌很镇定地说："你保养它也没必要拆个干净啊。你在清洗的过程中，一些小的零件是很容易沾到潮湿的水汽，我想必定是某个地方短路了，不过不是大事，重接一下就行了。我还是要夸你聪明，你能如此准确无误地将所有零件重新归位，这可不是一般人能够做到的。我想让你帮帮我去保养一些更复杂的设备，我一个人太累了，你一定没有问题的。"

关一山听完刘斌的话，一下子轻松了很多。他本来就是想来这里接触更多好的设备，他之所以拆开这个重要的设备，就是假借保养之名，行研究之实。这次他得到了刘斌的鼓励，必定撒开了自己去"保养"更重要的设备。刘斌领着他来到了一个封闭的里屋，这个屋子里摆满了非常昂贵的设备，而这些设备基本上都是新的，但是都坏掉了。刘斌亲切地说道："我一直想修好这些为学院省点钱，不能坏了一点就买新的，外面的维修人员很多都不靠谱，我一个人的力量又太小了，那帮同事弄这个也够呛，你一定能帮上我的忙。"

关一山感觉自己一下子受到了鼓舞，他一头就扎进了这里。刘斌当然有私心，他希望关一山真的能帮他修好几件设备，他原本打算自己一个人能修好这些设备，好得学院的赏识，提升他为设备处组长，这一次他却意外地得到了这位高才生的帮忙了。令刘斌都感到意外的是，关一山的能力太强了，很多设备在他手里，摆弄几次就弄熟了，刘斌更是觉着自己得到一个"活宝"。当然，这期间也有失误，也有设备越修越糟糕的，但是刘斌不在乎，他现在唯一要做的就是在一旁不停地鼓励关一山，让他更大胆地去维修，修好一个赚一个，修坏了不也亏。很快，这里的设备80%都能重新工作了，刘斌将这一成果告诉了学院的领导，领导非常高兴，立马就提他为设备管理处组长。听说，校领导很有意思要提拔他为学校设备处的组长。刘斌自己也没有想到，一两句鼓励的话给他的职业生涯增添了这么多的光彩。

巧用鼓励，你就能在别人的面前散发出自己的职业气场，赢得别人的认可和信任。有了这些，你的职业气场也会越来越稳固，你很可能就占尽职业先机了！

4.

保持距离，化解同事敌意

距离产生美。在职场中，如果不懂得拿捏与同事之间的距离，你就等于冲淡了你的职业气场，让周围的同事对你有成见，你的职场之路就会更艰难。相反，要是你懂得距离产生美的真谛，以一种恰当适宜的态度对待同事，就会赢得同事的好感，从而得到他的支持，使你的职场之路顺畅起来。

俗话说："水至清则无鱼，人至察则无徒。"其意思是：水太清澈，意味着杂质太少，鱼儿赖以生存的养分就无法保障，自然就无法生存。在现实生活中，一个人如果对他人太过较真，事事求全责备，不能容人，结果所有人都会对他敬而远之。每个人都有缺点，甚至有一些见不得人的阴暗面。因为我们都是凡人，都有人性的弱点，每一个人的心里都有阴暗面，在每一个灵魂下面都藏着猥琐的东西。因此，在与人交往时，我们不要太挑刺，对人不要“至察”，需要以宽容、豁达的胸襟对待周围的人，做到明察他人但不计小过，营造一种亲和、宽松的环境，在融洽、平等、祥和的气氛中处理一切问题，这样，人际关系才会趋于和谐。

方刚已经在公司工作三年了，一直很得老板重用，平时总是加班，连同事的聚会他也很少参加。长期的繁忙，拉远了他与同事间的距离。渐渐地，隔膜产生了。同事开始把他与老板归于一伙，对他有一种莫名的戒备。

一天早上，方刚一打开电脑，就收到一封邮件。邮件是一页动画，讽刺他和老板的关系。

方刚非常愤怒，当时就拍案而起。看着周围的同事窃笑的表情，他一整天都心神不宁。第二天，各种流言蜚语就传开了。方刚听在耳里，几个晚上都合不上眼。他在想，为什么他会遇到这样的事情？终于，他想明白了。

于是，上班时，方刚开始主动向每个同事问好，同他们一起吃午饭、聊天，而且有意地推掉一些加班任务，参加同事的聚会。不久，那些流言蜚语就烟消云散了。

职场中，也许有很多人像方刚一样，不太愿意和同事亲密相处，也从来不参与应酬，认为这么做是在浪费时间，对实际的工作也没什么太大的帮助。其实，同事间的应酬，正是把同事吸引到自己身边的最好的手段，但首先要使自己“被吸引”到同事们那里去。只有争取同事的拥戴、赞同，才能赢得人心，提升气场。

在企业中，与同事有点小摩擦、小隔阂、小矛盾，是很正常的事。俗话说得好：“牙齿和舌头还有打架的时候。”天天在一起、朝夕相处的同事，怎么可能一点矛盾没有？只是要记住，同事间的矛盾大多都是小矛盾，没有必要一定要斤斤计较、死扛到底，打死不低头，闹一次矛盾就老死不相往来。这样的人，只会让人觉得心胸狭窄，气量狭小，不值得交往，而绝不会认为你有骨气，有节操。同事之间，哪有什么深仇大恨？哪有什么过不去的坎？互相宽容一点，相逢一笑泯恩仇，一切就都过去了，大家还是同事，还得一起共事，还得为着共同的目标而努力奋斗。

不过要记住，千万不要把这种“小不快”演变成“大对立”，甚至成为“一山容不了二虎”的敌对关系。“小不快”很容易解决和抹掉，但在产生“大对立”以后，想要再弥合，就会难得多。所以，要学会还在“小不快”时就及时修补，弥合关系，拉近与同事的距离，和睦相处。

要减少同事间的矛盾，化解同事间的矛盾，促进同事间的和睦，与每一个同事都能和睦相处，要注意把握以下几点：

(1)宽容大度。不管同事怎样冒犯你，或者你们之间产生怎样的矛盾，总之“得饶人处且饶人”，多一事，不如少一事。

若要真正获得同事的尊敬与爱护，你要注意自己的表现，切勿盛气凌人，恃宠而骄，做出令人憎恶的事情。

(2)关心别人的成就。关心同事的成绩，是化敌为友的纽带。对别人的行动和成就表示真正的关心，是一种表达尊重与欣赏的方式。如果同事喜欢夸耀一下自己与工作无关的成就，你就表示关切与祝贺，会赢得他的好感。

(3)善于合作。你要学会与每一个人融洽相处，表现出你的随和与合作精神。面对同事的时候，不要忘记你的笑容与热忱的招呼，要多与对方眼神接触，在适当的时机赞美一下他们的长处。假如你不得不对某位同事的工作表现予以批评，你的措辞也要十分小心。先把对方的优点说出来，令他对你产生好感后，他才会接受你的建议，还会视你如他的知己。

即便和同事有了矛盾，你能真诚、坦荡地与他合作，他也会感受到你的大度，也会乐意与你相处，矛盾就会在合作中悄悄化解掉。

(4)让同事知道你“倚重”他。每个人都希望自己很有“分量”，适时地表达对方在你心目中的“分量”，抬高他的地位，满足他的自尊，就可以避免一些矛盾激化，尽可能地减少或消除将来的敌对怨恨。

(5)对同事的意见很“在意”。当同事对你很郑重地表达某种意见时，听完之后，不妨扼要重复他的观点，表明你很“在意”他提出的观点。还可在以后的工作中在相关的问题上提及他的意见，表明你对他很尊重，很重视，很肯定，很支持，很赞赏，很钦佩。

(6)肯认错。同事指出你的错误，一定要很感激地致谢，并以“良药苦口”、“当面纠错是最大的爱护”来恭维人家。而且，积极认错往往能够让对方很快闭上嘴巴，以免他“越说越来劲”。

(7)永远保持一定距离,做到彼此既不感到疏远,也不感到太近。

(8)不要向同事亮出自己的"底牌"。让同事摸不到你的底细,有利于保持自己的神秘感。

(9)工作不要太靠前,也不要太靠后。既要让同事知道你有较强的工作能力,又不在同事面前出风头,尽可能地不引起同事的嫉妒,让同事忽略你是他最有力的竞争对手。

(10)工作严谨,生活检点,不要在工作和生活上给同事留下"小辫子",免得同事向上爬时拉你的"辫子"或踩你的肩膀,导致一些矛盾发生。

(11)紧睁眼,慢张口。看清了事情的本质再说话,而且涉及对领导或同事评头品足的话不要说,免得被同事利用,或以此制造谗言,破坏你与领导或其他同事的关系。

(12)在同事中要切记:只要不得罪同事,就可以获得一定的人缘,不要刻意讨好某位同事,要尽可能地用人格的力量多争取人缘,有了人缘,能获得日后晋升的群众基础。

(13)尽可能多地帮助同事分忧解难。真心的帮助,也能换来真心的感激,必然以磨合你们之间的那些小隔阂,祛除小矛盾,促进同事间和睦共事,友好相处。

一个优秀的员工懂得在与同事相处时感受他的气场,如果他觉着对方的气场对自己有敌意的时候,就会与之划清界限,避免彼此的气场相遇。保持距离,只有距离才能化解这一份敌意,也只有距离才能提供最好的条件来滋润他的职业气场。

同事在工作中的一些不当行为,若是对你的利益有所损害,你还需要学会不露痕迹地让对方终止这些行为,这样你们彼此之间的距离还是会很得当,彼此的气场也不会有冲突。在你花一些心思保持与如何保证好与同事之间的距离时,你的职业气场也寻到了足够的养分得以提升,没有了同事的敌意,你的职业发展也会越来越顺畅!

5. 一呼百应，统领你的下属

每个人都有自己的气场，但是领导的气场似乎总是比普通员工更强大，更具感染力。我们会说领导人往那里一站，他们的一举一动都散发出十足的气场。因为领导人就要有领导人的气质。但在我们看来，这就是一种独到的气场。因为他们作为领导人就必须能压得住场面。在还没有说话和做事时，首先在气势上就必须镇住场面。而这种气势就是领导人应该具备的气质，也是他们的气场。比如威严凌厉、以身作则、果断干脆、敢想敢干等，这些特质都会大大提升领导的气场，让他们一呼百应，一令即行。

日本前经联会会长土光敏夫，是一位地位崇高、受人尊敬的企业家。土光敏夫在1965年曾出任东芝电器社长。当时的东芝人才济济，但由于组织庞大，层次过多，管理不善，员工松散，导致公司绩效低下。土光接管之后，提出了“一般员工要比以前多用三倍的脑，董事则要多用十倍，我本人则有过之而无不及。”的口号来重建东芝。

他的口头禅是“以身作则最具说服力”。他每天提前半小时上班，并空出上午七点半至八点半的一小时时间，欢迎员工与他一起动脑，共同讨论公司的问题。土光为了杜绝浪费，借着一次参观的机会给东芝的董事上了一课。

有一天，东芝的一位董事想参观一艘名叫“出光丸”的巨型油轮。由于土光已看过九次，所以事先说好由他带路。

那一天是假日，他们约好在樱木町车站的门口会合。土光准时到达，董事乘公司的车随后赶到。

董事说：“社长先生，抱歉让您久等了。我看我们就搭您的车前往参观吧！”董事以为土光也是乘公司的专车来的。

土光面无表情地说：“我并没乘公司的轿车，我们去搭电车吧！”

董事当场愣住了，羞愧得无地自容。

原来土光为了杜绝浪费，使公司合理化，以身作则搭电车，给那位浑浑噩噩的董事上了一课。

这件事传遍了整个公司，上下立刻心生警惕，不敢再随意浪费公司的物品。由于土光以身作则，东芝的情况逐渐好转。

古语有云：“己欲立而立人，己欲达而达人。”这句话的意思是说，用你自己的言行去要求别人做事情。这句话尤其对身在领导层的人格外有用。以身作则，本身就是一种强大的气场，而以身作则的领导通常也都有着强大的气场感染能力。在这种气场的作用下，下属也必将会踏实地服从命令，做事更加努力，让整个团队具备强大的执行力。

当领导就要有领导的样子，要有领导的“范儿”，更要有领导的气场，这才能建立起自己的威信，达到一呼百应的效果，带领下属一起前进。

王琦是某财经大学的高才生，他在某企业车间里工作了两年，各方面都非常的优秀，企业高层为了培养他，决定让他暂时任车间的主管，好考验他的能力。他一坐上主管的位置似乎变得有点“呆呆”的：有次在管理中，他发现一道生产程序中有瑕疵，影响产品的合格率。他苦苦琢磨、甚至向下属李玉请教，李玉是车间能手，给他了一些建议。最后王琦终于想出了一个修改方案，最后被企业采纳，结果产品的合格率有了显著的提升。企业要给王琦奖励两万元，可他竟然要求把这笔奖金给李玉，说李玉才是这个方案的提出者。他说：“这个想法是李玉给我的最大灵感，他的建议才是这个方案成功的钥匙，所以这笔奖金本就属于他。”就这样，丰厚的奖金与他“擦肩而过”，为李玉独有。

再后来，企业从外面进了一批重要的货，王琦根本没有精力去跟进，这时候他想到了李玉，这次的工作十分重要，但也是非常辛苦。当王琦去找李玉时，李玉毫不犹豫地就答应了。李玉出色地完成了任务，王琦对李玉甚是夸赞。很短的时间里，李玉的工作能力提高很多，而且工作也更加细心了。整个车间里，像李玉这样愿意追随王琦的人有很多，他们都认为王琦是个很好的领导，都愿意听从王琦。

几个月后，企业人事变动了，王琦成为该车间的经理，成为了李玉等员工最拥护的上司。他们都很钦佩王琦的职业气场，都认为他的气场最能感染他们，他们在其感染下，定能更好地提升个人的职业能力，成为车间里的优秀员工。

王琦为什么就能做到一呼百应呢？他的管理气场为什么就很强呢？王琦就是懂得与下属一起分享功劳，他是个优秀的员工，也是个优秀的管理者。他个人有足够的工作能力，但是他还不耻向下属请教。你要想成为优秀的员工，一定得保证在你的下属面前有一定的号召力，他们愿意聚集在你的身边形成高效团队，你还需要发挥个人职业气场的能量，这个能量会感染到你的下属，他们就会用最好的工作状态来支持团队的发展。你职业气场能量就会有长久的续航力。你需要通过一些手段，如保持职业威信，与下属分享荣誉等等，向下属传递足够的正面能量，你的职业气场的能量也会得到大幅度的提升。

6. 把自己当成一家公司去经营

在职业发展中，大多数人都是公司中的一员。因此，几乎所有的职业人员都了解，一个公司最重要的就是它的品牌，两个公司的产品质量相差无几，但是一方的产品的品牌很响亮，那么这一方就会受到更多消费者的欢迎，因为消费者相信品牌就是品质的保障。作为普通的员工，你若懂得把自己当作一家公司去经营，打造属于自己的个人品牌，你的名字就会成为职业能力的保障，你在周围人眼里也是具有了很强的职业气场了。

要想打造属于个人的品牌，你就得需要每时每刻保证自己的职业竞争力，不断地提升自己的职业气场。一个普通员工如果具备了道德观、作风、形象、责任等诸多方面的修为，那他必定就能受众人欢迎，成为众人眼中的"品牌"。好的品牌能赢得大众的喜爱，就是因为它同时具备了"正确的特性"和"吸引人的性格"，还有与对方的"良好互动关系"。"正确的特性""吸引人的性格"是你打造个人品牌所必须具备的，这些都能提升你的职业气场，让你的美名在行业里远扬，为自己的职业发展创造更多的好机会。

德国营销学家罗杰说：一个人的品牌含金量越高，那么他的个人气场就越强，他就能给企业带来更多的利润，他的身价也随之得到提高。

柳丁是一名没有名气的修鞋匠，但是他对自己的这一份职业的要求近乎偏执，他总想着把每一次服务都做到完美。有一天，一个外地的客人来他这里修鞋。柳丁告诉他，修这个鞋子大概要花一个小时的时间，对方认为柳丁花的时间太长了，但是考虑到周围也没什么别的修鞋铺子，也只好同意了。可是，等鞋子修到 50 分钟的时候，这位顾客突然接到一个电话，得马上走。柳丁非常地固执，他坚持说：必须把鞋修完才能走，否则的话，会影响这双鞋子的使用寿命。顾客很生气，但柳丁就是不放他走，顾客没有鞋子也走不了，柳丁一直在强调自己要对这一份的职业负责。顾客实在拗不过他，就只好留在店里把鞋修好了。

一年后，那位顾客又来了，他乐呵呵地对柳丁说："上次在你这里修鞋而耽误了一笔很大的生意，我简直气疯了，我甚至发誓再也不想来这里修鞋了。但是这双鞋子经过你的修理之后，更耐用了，你看。"他抬起脚给柳丁看他的鞋："这双鞋依然很结实，你知道吗，这是我逝去的母亲给我买的，我真是要感谢你。我准备介绍我的朋友都到你这里来修鞋，你的修鞋手艺真是太棒了。"

尽管柳丁的鞋店在街道最不起眼的地方，但是因为柳丁的关系，该店的生意异常的火爆，店里的老板把他当作一个宝，正准备让出一些店里的股份给柳丁来留住这个宝。顾客登门的原因很简单：该店有一名非常优秀的修鞋匠，他总能让顾客修的鞋更加耐磨。

正是个人品牌的树立让柳丁的职业生涯有了很大的发展，顾客很信任他，老板也很器重他，他就能成为众人眼中最优秀的修鞋匠。在一次次的肯定当中，柳丁一定能够锻炼出更高的职业能力，他的修鞋手艺必定越来越精湛，他的职业气场也随之越来越高，更多的人愿意到他的店里面来修鞋了。

一个员工的个人品牌能创造最大的职业价值，他就能得到更多的人认可。一个普通员工就是需要经营在职场里的个人品牌，通过自己努力的经营才能让自己的个人品牌显现出来，从而让自己的职业能力有更多发挥的空间，他的职业气场也可以随之而提升，他就能成为别人眼中的优秀员工。

职场竞争中，你的工作方法、工作技巧都是可以被对手复制的，但是你的个人品牌是独一无二的，它是优秀员工的标志。职场最认你的个人品牌，它是你职业能力和职业气场的说明书。

马秀秀就职的公司裁员很多次了，但是她却是个“钉子户”，她是公司里公认的优秀员工，学历高，专业能力强，人品还很好，最重要的是她在老板的心目中有了这样一个品牌——“忠诚度高、经久耐用”。马秀秀以这样的品牌得到了老板的高度认可，她也为自己赢来了稳定的工作环境，在这个环境里她就能更好地提升个人的能力，从而修炼更厉害的职业气场。

在职场上，有了个人品牌，就等于有了强大的职业竞争力，有了饱满的职业气场。

李胜是联想公司科技电信部的一名普通的业务员，他既不是管理者，也不是重要的小组成员，但是他凭借着经营个人的品牌成为了该部门最为优秀的员工,几次得到联想高层的嘉奖。电信部的工作是代表联想科技了解客户,组织公司的资源,满足客户需求的。李胜的"诚挚服务,不发牢骚"的个人职业操守渐渐成为了他的个人品牌,在这个品牌的带动下,他到电信部的第二年,完成年业绩的300%,达到了700万美元,是当年的超级业务员。

一个没有多大气场的普通员工,就是因为他们太习惯在自己的岗位上混日子,他根本没意识要在工作上为自己打造个人品牌。但是,他要想成为优秀的员工,就必须开始为自己精心打造个人品牌,这样才能保证他在职场上长青不衰。这样他们不仅眼下工作顺利,也为未来做了投资,更大程度地提升自己的职业气场,让自己在竞争激烈的职场里成为不可替代的人物。

你作为一个普通的员工如何通过建立个人品牌来达到修炼职业气场的目的呢?

其实很简单,你只需从自己的强项开始。每个人都有自己独特的能力,从自己独特的能力出发,是最容易建立个人品牌的。这是个自我行销的时代,你的表现就是你的"最佳简历"。这样,你在优势上获得了足够的信心,你就有了资源的积累,你就能建立起个人的品牌了。

你要学会把自己当成一家公司去经营,实际上,你就是要学会打造个人的品牌,个人品牌的打造会有效地提升你的气场能量,因为品牌往往都是正面的、积极向上的标识。在你树立个人品牌的过程中,同样会去倾向于那些正面的、积极向上的方面,身心就会创造出更多的积极能量,这样你的气场也会变得更加积极。在职场上打拼的你,只有那些最积极的才会让你取得最好的成绩,你就拥有了更加强大的职业气场。

第九章

学会做势，乘势而行提升气场

借风腾云，乘势而利，是提升自己气场的秘诀。善于借势、造势、用势的人，总是更容易获得成功。因为借名人之势、别人之势、权威之势可以迅速提升自己的气场，并能让自己在岗位上“势”如破竹，风正帆速！

1.

静时积蓄能量，动中巧妙用势

《孙子·九地》中这样写道："静若处子，动若脱兔。"意思是军队没有行动之前就如同未出嫁女子一般地沉静，而一旦打起仗来就会像逃脱的兔子一般地敏捷。而这一静一动也蕴含着深刻的职业发展的道理："静"而非止，在静时积蓄足够的职业能量，"动"而不乱，在动中巧妙用势，能将动静虚实完美结合的员工，就是职场上最优秀的员工。

你想要成为气场强大的职业人士，你就得学会踏踏实实地在岗位上锻炼足够的职业能力，这是一个蓄势的过程。想想看，大海为什么那么有气势，不就是因为大海在静的时候能够容纳百川，在动的时候又能波涛汹涌吗？大海都要为自己的势能积蓄能量，更何况是能力微薄的你。

当然，你在职场中不能去发挥一下自己的某些能力也是痛苦的，但是蓄势的过程本来就需要忍受这些痛苦，你要想拥有强大的职业气场，你就得有一段在职场上低调的时间。职业气场并不能简单地用职业能力和经验的多少来概括，它还包括职业人员在职场中所积淀的精神、气质、眼光等无法用能力和经验来代替的东西。所以，员工要想变得优秀，就得像大海一样，放低自己，真诚地从周围吸纳各种职业上的营养。

现代社会，很多人为了实现自己所谓的目标，总是铆足干劲、加大人生战车的油门勇猛前进，却常常忽视运用退让这种极富弹性的制胜技巧。"退一步海阔天空，忍一时风平浪静"的道理是尽人皆知的，但真正能运用自如的人，却并不多见。其实退一步又有什么不好？学会退让，是生活的一种大智慧，因而在退的过程中，其实是在为后面的"进"蓄积能量，就像要使拳头打出去更有力，必须先收回来再打出去一样。退让，是一种智慧，是一种人生的艺术，更是一种走向成功的谋略。

人生中，很多人都认为“屈”与“伸”代表着退与进，“屈”意味着失意，“伸”意味着得意。其实，人生中的屈伸远远不是这么简单。《后汉书·班固传》中曾说：“虽屈伸无常，所因时异。”因此，人生当屈、当退的时候，不妨先屈、先退一下，这样可能会换来更大的进步。

当然，当进的时候也就不必犹疑不决、迟疑不前，而应大胆前行，高歌猛进，而且不妨借势用势，大力提升自己的气场，使我们的“进”更为有力，更为成功。

借，也是一种成功的大智慧。雄鹰飞翔，靠的是风；藤蔓升高，依靠的是树木；树木生长，靠的是土地阳光水分；犀牛依靠犀鸟清洁皮肤，犀鸟依靠犀牛得到保护；根瘤菌依靠植物的有机物而生存，植物依靠根瘤菌固定空气中的氮而得到养料。懂得借势和用势，本就是生物的一种本能。作为万物之灵的人，当然不会没有借势用势的智慧。

何为势？科学地解释，势就是一种能量。物理课本所讲的“势能”原理，就是一个处于高处物体本身所在位置给它的一种能量。一块在我们脚下的千斤巨石和系于一线之间悬于头顶的一颗小石子，我们会更关注哪一个？正常人都会关注后者。为什么？千斤巨石于脚下并不会给我们造成任何实质性的伤害，可是系于一线之间并悬于头顶的小石子却随时有可能给我们造成重创，这就是所谓的“势”。

而从谋略上而言，势则是一种有利的位置，一种强大的能量，一种正确的走向，一种可以依托并能帮助我们尽情翱翔的力量。成功者其实并没有天大的秘密，说白了不过就是善于借势而已。他们善于在危机中借力打力，在进取中因势利导，把劣势转化为优势，变被动为主动，使事情朝着有利自己的方向发展，把别人的“势”作为自己的“力”，借别人的气势壮大自己的声势，最终成就出自己的一番事业。

荀子《劝学》：“君子性非异也，善假于物也。登高而招，臂非加长也，而见者远；顺风而呼，声非加疾也，而闻者彰。假舆马者，非利足也，而致千里；假舟楫者，非能水也，而绝江河。君子生非异也，善假于物也。”这段话就很好地说明了借势用势、谋求成功的秘诀。那些成功的人并非天生禀赋，只不过是善于借势谋利、乘势而动而已！

汉高祖刘邦在夺取天下之后，曾说，出谋划策他比不上张良，筹集粮草他比不上萧何，行军作战他比不上韩信，但最终还是他得到了天下。何故？不管他的臣子当时是如何回答的，但有一点是可以肯定的，那就是刘邦善于依靠别人的智慧和才能，走向成功。

与刘邦同时的另一位枭雄项羽则刚好相反，仅凭匹夫之勇，虽然有一个范增为他谋划，他还是很少听取别人的意见。以为自己可以凭着“力拔山兮气盖世”就可以夺得天下。正是因为他不善于依靠别人，结果他的手下如士兵韩信、都尉陈平、叔叔项伯都投到了刘邦麾下。

可见成功者总是那些善于借势造势、乘势用势的人。作为一名员工，在当代激烈的竞争大环境下，也需要“借势”和“用势”，提高自己的气场，让自己更有“气势”，才能真正取得属于自己的成功。

舟舟，这个名字在今天并不陌生。他是一个弱智儿童，然而当他在音乐台上专注表演时，他的音乐棒指挥的仿佛不仅是一支乐队，俨然是在指挥整个世界。很难想象当初的舟舟竟能在今天震惊世界，其实他也是借助自己的优势，剔除了劣势的影响而致。虽然他在很多方面都比同龄人差，但他却凭借自己在音乐方面的天赋，发展自己，从而有了今天的荣耀。

其实每一个职场人士，都有优于别人的“势”，也都能找到可以利用的别人的“势”，只要我们善于利用，善于发现，善于借势，善于用势，你的成功也会触手可及，甚至会令你自己都吃惊。

2.

借名人之势，壮大自己的声势

“借势”其实是一门超级学问，该借什么样的势，借何人的势，如何借势，借来后又如何用势，都是大学问，都包含着大智慧。只有善于借、更善于用的人，才能离成功最近。

那么，对于职场人士而言，有哪些势是可以借，而且借来后就能急速提升我们的气场，扩大我们的影响，使我们迅速成为焦点，并为我们的工作助力借风的“势”呢？

其实很多。比如大人物、名人、有名的事件、关键的要点、舆论、权威、对方的弱点等，都可以成为我们可以“借”可以“用”的“势”，让我们顺风而行，马到成功。比如企业常常聘请明星或是名人来为企业做宣传，做广告，从而促进产品的销售，就是典型的借名人之势，壮大自己的声势，达到自己的目的的典范。其实员工也同样可以采用这样的方法，借名人之势，壮自己的声势，是见效最快的自我气场提升方法。

有位年轻人没有什么文凭，他为了生计去了一家书店应聘，书店答应录用他，但是有一个要求：要将书店里五年来积压的最受冷遇的书籍卖出一半，他才会被转正。这下他犯难了，他不知道该怎么办才好，突然他想到书店的斜对面，经常会办图书展览，也会有很多著名作家和学者来那里或签售或演讲。一个主意从他的脑子里冒了出来：给所有来的著名作家和学者送自己的书。于是，他总是会蹲在斜对面的展览区，一有作家和学者过来，他就会主动去给他们送书，那些著名的作家和学者也不好当面拒绝，为了敷衍他，他们只好说：“谢谢，你的书真的不错。”他有时候碰上脾气好的作家或学者，他还主动要求他们为自己的书写一些介绍，他们也勉为其难地做了。

回去后，他便在书店里挂了一个很大的条幅，开始大做广告："某某著名作家（学者）喜爱的书出售，某某著名作家（学者）亲情推荐。"这一招果然很有效果，这些冷门的书籍反而成为书店里最畅销的书籍，那些积攒很久的书籍全部都销售一空。书店老板啧啧称奇，他觉着这个年轻人太聪明了，他绝对有能力成为自己的店员，而且还可以成为店长。

就这样，年轻人从一个被老板刁难的临时店员荣升成为了书店里的店长，他的取胜之道就是假借了名人之势，壮大自己卖书的声势，让消费者认为他手里的书籍是最值得看的，他们就自然会乐意地去购买了。

这个年轻人借助了名人的力量来提升自己的职业能力，是聪明的选择。一个人的力量是很有限的，但是名人的力量是强大的，成功的职业气场不是光靠个人工作上的努力就可以修炼出来的，它还需要借助很多的外物。你若能借助名人的"势"，你的职业气场就会强大起来。所以要学会利用名人之势来挖掘自己的"大金矿"。

邱枫，北京某名校高才生，商务管理专业毕业，他狂爱电脑，他非常希望能开一家属于自己的电脑公司。邱枫跑到了一家电脑公司做起了销售员，公司的老板是一个五十来岁的小老太太，这个小老太太是该市电子城盛传的"管理女王"。正是她引发了邱枫的好奇心，他发现自己每天下班后，小老太太都会把每个销售员一天开出的销售小票收集起来带回家去，每天每人几十张小票，加在一起就是几百张，整理起来十分费时费力。邱枫嗅出了这里面不一样的味道。

邱枫开始找各种机会与小老太太亲密接触，而且还非常耐心地帮她整理小票，久而久之，小老太太对邱枫非常有好感了。小老太太将"整理小票"的"秘密"告诉了他，而且还传授了他很多自己多年积累的"管理秘籍"。

若干年后，"小老太太"退居二线了，而邱枫却成为了老板。小老太太虽然"退位了"，但是明面上还是全力支持邱枫的工作，并且这个公司还是她的，而且她也非常器重邱枫。邱枫知道自己一上来并不能赢得客户的信赖，所以他在谈判的时候总是会带上“小老太太”。也正因为有“小老太太”坐镇，客户都非常愿意与邱枫合作，邱枫的工作之途也很顺风顺水。

在职场竞争中，即使是强势的一方，在博弈的开始，他们的职业能力都是非常弱的，他们能由弱变强，这与他们借助名人效应的博弈策略是有很大关联的。因此，在与他人博弈的过程中，普通员工就要想尽一切办法借到名人的“势”，有了名人的“势”，你也就可以壮大自己的声势了。

懂得从名人身上借“势”，这“势”就能管大用，不单是能为自己在岗位上壮大声势，也还能让自己的气场在这个“势”的滋养中得到提升。你若懂得借名人之势，善假于物，你就等于让名人的力量为自己所用，你的职业气场也会随之变得越来越强。

3. 借权威之势，赢得事业先机

狐假虎威的故事是一个人人皆知的寓言故事。这个故事出自西汉刘向的《战国策·楚策一》：“虎求百兽而食之，得狐。狐曰：‘子无敢食我也！天帝使我长百兽，今子食我，是逆天帝命也。子以我为不信，吾为子先行，子随我后，观百兽之见我而敢不走乎？’虎以为然，故遂与之行，兽见之皆走。虎不知畏己而走也，以为畏狐也。”

翻译一下就是：老虎寻找各种野兽吃掉它们，它抓到一只狐狸。狐狸说：“您不敢吃我！上天派遣我来做各种野兽的首领，现在你吃掉我，是违背上天的命令。你认为我的话不诚实，我在你前面行走，你跟随在我后面，观看各种野兽看见我有敢不逃跑的吗？”老虎认为狐狸的话是有道理的，所以就和它一起走。野兽看见它们都逃跑了。老虎不知道野兽是害怕自己而逃跑的，认为它们是害怕狐狸。

这个故事现在比喻的是借着权威的势力仗势欺人。但如果从职场的角度来看，因为老虎在后面，原本不值一提的狐狸陡然间气场大增，百兽争逃，俨然有百兽之王的气势。可见善于借用权威的“势”，对于提升我们的气场，效果是非常明显而且巨大的。

每个行业都有它的权威存在，就像是每一个人都在内心中树立一个偶像一样，如果这个人能无限接近他的偶像，那么他的气场一定就会与众不同。同理来说，一个员工若懂得借助权威之势，那么他必定就能无限提高自己的职业能力，在职场里被众人所赞赏，也会成就自己与众不同的职业气场。

权威可以是一个在行业内很有地位的人，也可以是一个很有说服力的机构，还可以是很有信服力的一个物件，不论是什么，权威都可以让人肃然起敬。若是能懂得借助权威之势，也能借到权威之势，一定会赢得令人羡慕的成功先机，成就自己的事业。

清朝末期，上海闸北区有一家梨膏店，生意做得很大，店门口挂着“天知道”三个大字的牌匾。“天知道”梨膏店的对面是一家姓于的水果店，这梨膏店的发迹就是因为这家水果店。

光绪八年，于家水果店从山东莱阳运到上海闸北区五十篓梨，因为路途遥远，梨皮被颠破，经雨一淋，运到目的地就开始烂，不管怎样晾、晒和削皮，都卖不出去。

对门有个小店，里面住着夫妻二人，正没有粮食吃，见于家扔掉了许多烂梨，就拾来削去皮，挖掉烂眼，一吃很甜，就把削好的碎梨切成小块，一个铜钱卖五块，生意很是兴隆。

这夫妻俩就到于家水果店将一篓篓的烂梨买来。反正梨烂了也不值钱，于家乐得其所，一股脑儿地都贱卖给他们。买得多了，这对夫妻就将梨削好放进大缸用糖腌起来，这样更好吃，一上市卖得更火了。

后来，夫妻俩到处买烂梨，削去皮放进锅里熬成梨汁，制成膏糖。春天没梨吃，人们都想吃梨膏糖，一下子竟然成了南方的特产。

第二年，朝廷的钦差大臣到上海闸北区出巡，买了梨膏糖一吃，又甜又酸，很好吃，就将梨膏糖带到北京献给慈禧太后。

慈禧正咳嗽，吃后觉得味道真好！便传旨叫夫妻俩进贡梨膏糖，这一下夫妻二人生意做大了，正式开了梨膏店。

于家水果店老板暗自打探，终于知道这些梨膏糖是烂梨制成的，又红眼、又嫉妒，更怕得罪皇上，就在夜里写了一张纸，上写“天知道”三字，贴在了夫妻俩梨膏店大门上。

第二天，这夫妻俩一看“天知道”三个字，愣了一会儿，就知道有人捣乱。男老板哈哈大笑说：“我正想起个字号。今天有人写了字号送到门口，真是好极了。我家店里的梨膏糖连皇上都吃过，他是当今天子，应当叫‘天知道’。我就用这三个字当招牌！”

他把招牌写得特别大，来看的人一问，知道皇上、太后都爱吃梨膏糖，这生意就更好了。

于家水果店老板骂人不成，反而让人家买卖更兴旺，字也被人利用了，就更生气了。他又在梨膏店墙上画了一只乌龟，把头缩进肚里，还写着“不知羞耻”。

第二天，梨膏店夫妻俩一看又是一愣，接着同声说：“咱们用乌龟当商标。梨膏糖止咳延年益寿，龟也是长寿的。”从此，这个商标就成了上海的驰名商标。

这真是一对聪明的夫妻！凭借皇帝、太后的权威，竟然能将诋毁变成赞美，借助“天知道”之势，凭借乌龟延年益寿之力，把个梨膏店打造得红红火火。

权威的气势是很强的，这个毋庸置疑。只要我们善于利用权威的气势，我们也能气场强大，击败挫折，突破阻碍，取得成功。

职场也是一样，权威总是能带给人一种气场强大的压力，让人不得不折服。所以，善于利用权威之势，借权威之势成自己之事，赢得自己的事业先机，也就理所当然了。

4.

借他人之势，成自己之“事”

一个人的力量是有限的。不论一个人能力有多大，背景有多硬，关系有多广，他总有办不了的事。所以，要把自己的事办成，使自己的气场更强，懂得借别人的势，就相当重要。善借他人之势，就能成自己的事。

约翰是一家农场的主人，因中风而瘫痪在床，靠农场维持生计。当时，亲朋好友以为他活不了多长时间，然而没想到奇迹出现了。约翰的身体虽然不能动，但他还是不时地在动脑筋。忽然间，有一个念头闪过他的脑海，而这个念头注定了要补偿他不幸的缺憾。他把亲戚全都召集过来，并要他们在农场里种植谷物，这些谷物将用作一群猪的饲料。而这群猪将被屠宰，并且用来制作香肠。数年间，约翰的香肠就在全国各商店出售，结果约翰和亲戚们都成了富翁。出现这样美好结果的原因，就在于约翰的不幸迫使他运用了聪明的脑子，集合了群体的力量，借助于亲戚们从而取得了成功。

大量事例证明，许多失败者都是单枪匹马闯天下的“个人英雄”，由于没有借助群体的力量，因而自己的不足与欠缺得不到补充；许多成功者都会借助别人的才智、技术、方法等，因此取得了令人称羡的辉煌业绩。一个人不可能独自凭借自己的力量去闯世界，即使是那些白手起家的有成就的人，也需要借助众多的人的支持才能达到日后的业绩，成就自己的事业。

职场上那些总认为自己的身份低微却又不去尝试借助他人之势的员工往往一辈子就这样普通下去，而真正在职场上混得“风生水起”的人，是非常善于借他人之势的。

钟彬娴，当今世界上最优秀的华裔职业女性之一。“我是一个会借东西的人，我的成功就是因为我借对了很多人。”这是她在总结自己在职场上的成功经验时说的话。

她的影响力有多大？《时代》杂志评选的全球最有影响力的商界领袖中，她是唯一入选的华人粉领，而且她排在前 25 位。很多人都觉得她的成功太匪夷所思，她成功奥秘到底是什么？

钟彬娴既没有背景，也没有后台。她 1979 年从普林斯顿大学毕业，当时的她预备在零售业挣点小钱，然后再凑足钱进入法学院学习法律。她天生的商业细胞让她在零售业的经历中取得了很多的领悟和锻炼。最后，她又成为了鲁明岱百货公司的一名管理培训人员。

钟彬娴在面对零售工作，与形形色色的人打交道，深知其中的艰辛。但她又是一位不服输的女性，她决心在工作中拓宽自己的路。就是在鲁明岱百货公司，她遇到了公司首位女副总裁万斯。说起副总裁万斯，公司的里的人都对这位传奇的女性报以最热烈的掌声，她自信机智，讲话清晰有力，进取心尤其强烈。钟彬娴意识到，如果想要在残酷的商业社会的竞争中占有一席之地，就必须向万斯学习丰富的工作经验和技巧。钟彬娴用心来和万斯交流，用真诚来互动，并很快取得了万斯的信任，而万斯也非常愿意提携像她一样有上进心的钟彬娴。

钟彬娴知道，自己不是只会等着机会来临的人，她还懂得怎样抓住带自己飞翔的人的翅膀。她抓住了能带她飞天的万斯的翅膀，所以她很快就晋升了。1985 年左右，她成为了很多人眼红的销售规划经理、内衣部副总裁。

再后来，钟彬娴凭借自己的能力赢得了雅芳公司的青睐，她兼任了雅芳公司的顾问。在雅芳，她卓越的才华让雅芳 CEO 普雷斯欣赏不已。半年过后，她正式加盟了雅芳公司。

钟彬娴始终认为，只要她有足够的心和力，就不会有挡住她升迁的玻璃天花板，她是有很宽很广的发展空间的。很快，钟彬娴就以卓越的管理才能获得普雷斯的认可，而且还与普雷斯成了朋友。钟彬娴作为一位没有任何背景的女性，在40岁出头就能在职场上有如此令人羡慕的成就，这不能不说是一个奇迹。而钟彬娴成功的关键就在于她借到了职业生涯中两个非常重要的贵人：万斯和普雷斯。

在职业发展中，很多员工会遇到各种各样的人，有的具有显赫的社会地位，有的是名门望族，如果他们能通过自己的能力和智慧借到他们的势，那他们的职业生涯也会因此而不同，成功或许就是水到渠成的事了。

你懂得借他人之势，就是在增加自己的职业气场，因为你已经从他人身上学到很多对自己的职业生存有利的长处，这些长处让你磨掉自己职业能力中不足的部分，加强了自己职业能力中优势的一面，你随之而散发的职业魅力就会大不一样了。

借他人之势，成自己之“事”，你就会锻炼出更好的工作能力，你也就会修炼出更好的职业气场。

5. 借舆论之势，为自己增威

说到借舆论之势，为自己增威，最擅长的莫过于那些习惯于“炒作”和“被炒作”的明星们了。不管是好消息坏消息，只要上媒体，就是成功。而且谁沾上的是非越多，反倒越红，因而，许多明星都不惜拿绯闻来炒作，或是自曝隐私，或是互相掐架，以吸引媒体和舆论的注意，让自己名气越来越大。

很多人未出名或是想要出名的二线、三线明星为了多上几个镜头，或者说曝光率多一些，故意制造一些新闻也是家常便饭的事情了。比如说很多明星在新片或新歌发布前夕“离婚”或“分手”，也是为吸引大众注意力的招数。就像圈内人曝光的那样：进入娱乐圈，就是进入一个大名利场。所以，很多艺人为追求名利不择手段，尤其是一些刚刚走红或尚未走红的“准明星”，或是曾经红透半边天的过气明星，为了名，他们会想尽各种办法，而他们背后的经纪公司更是不遗余力地为他们炮制假新闻。

自从有了微博之后，很多明星的炒作就进入了“微时代”。短短的时间内娱乐圈明星已经纷纷玩转微博，且游刃有余。微博自由度之大使之成为众人隔空对话的平台，隔空对骂、自曝家丑、声明澄清……微博使得娱乐圈明星在化妆之余都能上传照片及时分享，大大满足了众人的好奇心。

有娱乐江湖，就会有炒作，微博就成了继博客之后最为强大的炒作工具，而且简捷、迅速、成本低。刚刚出道的小明星，怎么唱怎么演也火不起来的二流明星，甚至从来不惧绯闻的大明星，微博更是他们积攒人气，获得关注的最佳途径。自我曝料是最常见的类型，“伤情”、“婚讯”、“生子”、“绯闻”、“开骂”甚至“打情骂俏”、“香艳照片”等都是猛料，甭管真假说出来就有人跟帖，想出名、想出风头的明星们不惜用这些方法赢得粉丝的关注，增加人气。有些明星也借此上位，大红大紫起来。这样的事例是相当多的。

这其实就是借舆论之势，使自己的事业发展得更顺利一些。其实职场上也一样可以借用这样的方法，为自己造势，促进自己的发展。

说得通俗点，舆论就是多数人给某个人贴上的某种标签，而这个标签能概括他在众人心目中的印象。一个职场人士有了这个标签，就表明他是被别人记住的，他就很可能是优秀的，或者他很有机会变成优秀员工。没有标签的员工多数是碌碌无为的人，他们的职业素养一般，职业能力欠佳，甚至他们还没有独特的职业个性，所以他们很容易在办公室里被黑压压的人群遮住。也许，光以标签来判定一个人的优秀是不科学的，但是有了这个标签，才方便更多的人记住他并认可他，他能在多数人心目中有强烈的印象，就能在岗位上做出优秀的成果。

因此，职场人士就得学会借舆论之势，为自己的职业发展增一增“威”。如何借呢？其实也不难，只要你懂得在办公室里故意散布一些信息，你就能为自己造一些舆论。

王旭因为能力强，被公司调到骨干部门，王旭很感激他原来的部门经理易胜。易胜一直想让公司提拔他去骨干部门做经理，可是公司高层认为骨干部门的员工都很自觉，无须领导，所以经理职位就一直空缺着，一方面是找不到合适的，另一方面也是高层认为没有找的必要。易胜知道王旭是一个嘴巴松的人，他在王旭临调任前，就对他说："你现在是骨干部门的员工了，你就得守那个部门的规矩，可是，你要告诉你未来的同事一个消息，那就是公司准备在骨干部门里提拔一个人上来做经理。"实际上，易胜只是在一次与公司总经理的喝茶聊天中听他开玩笑地说出这样的一个消息，这个消息很可能是总经理自己"创造"出来的，并没有得到公司高层的支持。

王旭到了骨干部门，干得也是风生水起，他的业务能力也是相当优秀。他一来就跟自己的新同事说出自己从易胜那里得到的消息，并且传得有声有色，他还在同事面前强调自己原来的部门经理易胜有多么的优秀和正直。一时间，骨干部门沸腾了，你不服我，我不服你，全都乱了，那个月的业绩奇差无比。公司高层这个时候就想到了要为骨干部门设一个经理了，于是他们叫来了骨干部门所有成员开会，会议上除了王旭，所以同事都在自吹自擂，以为高层都要选自己为经理。而王旭就只是拼命地把以前的部门经理易胜挂在嘴边，这倒是给了高层领导一个提醒，就这样，易胜成功地坐上了骨干部门经理的位置。

易胜就是利用了王旭善于制造舆论的能力为自己宣传，他知道王旭一定会说出自己给出的消息，也一定会在同事面前说自己的好话。但是他并不知道，王旭的舆论居然让他坐上了梦寐以求的骨干部门经理的位置。易胜的借舆论之势的招儿用得太高了，表面上看来有一点厚黑学的味道，但是要明白这样一点：骨干部门的员工的确不够团结，他们过分地逞一己之能，也确实需要一个像样的部门经理。这个舆论需要造出去，所以易胜选择了王旭。

好的舆论在职场上就会有"蝴蝶效应"。这会让很多人感受到你职业能力的优秀，感受你职业气场的强大，你就会更有信心来面对接下来的职场生活，你就能找到更广阔的职业发展的平台，你的职业未来将会不可限量！

6.

借风腾云，乘势而行营造气场

所谓“借风腾云”，“风”就是你的机会，有了“风”，你就可能腾上七彩祥云，若是你没有利用好这个机会，你就会错过这个“风”，或者会遇到另一个“龙卷风”，最后你很可能陷入死胡同里。

古话说得好，“好风凭借力，送我上青云”，善于借势、用势、造势、乘势者，才是真正成功之人。因为他们知道“借风腾云”、“乘势而行”会比自己孤军奋战、独力支撑容易得多。那些善于借风腾云的员工，永远是企业里最风光的员工，那些善于借势的企业，永远是发展最快的企业。

1923 年，35 岁的罗伯特·伍德鲁夫接替父亲当上了可口可乐公司的第二任董事长兼总经理。“要让全世界的人都喝可口可乐！”雄心勃勃的伍德鲁夫刚一走马上任，就响亮地提出这样的口号。他认为，可口可乐在国内的市场已经接近饱和，必须另辟市场走向世界。他凭借过人的胆识和魄力，决心使当时不太景气的可口可乐振作起来。

伍德鲁夫公开表明了自己向国际市场进军的坚定态度，并专门成立了一个公司，负责国际市场的开发。刚开始国际市场的开拓并不理想，正在久攻不下的时候，伍德鲁夫的一位老同学从菲律宾战区回国，抽空来看他。朋友一见面就爽朗地说：“我天天都在想你那个深红色的‘头疼药水’，在菲律宾热得要命的丛林中真想喝啊！一下飞机我就先喝了两大瓶。可惜我不是骆驼，不然真想灌上一肚子带回去慢慢消化。”

一席话使整天处于苦思冥想中的伍德鲁夫豁然开朗：如果前线的将士都能够喝上可口可乐，那么当地人自然也可以喝到这种饮料了，这样销路还用发愁吗？伍德鲁夫于是憧憬着，思考着，计划着，兴奋得坐立不安，他决心抓住这个千载难逢的好机会。

伍德鲁夫立刻赶往华盛顿，去找五角大楼的官员们商洽。但五角大楼的官员不感兴趣，他们不相信可口可乐，能“鼓舞士气”，“调剂前线将士的艰苦生活”。伍德鲁夫得到的回答仅仅是“研究研究”。这时可口可乐已经出现了困境：内销减少，外销无门，1/3 的生产已经陷入停顿。情势十分紧迫！

等待就等于自杀！伍德鲁夫横下一条心，决心开展一场宣传攻势，公开宣传可口可乐对前线将士的作用不亚于枪弹。他想通过舆论界的宣传带动五角大楼，使他们给予他来自政府的支持。

伍德鲁夫四面出击，最有力的一招就是组织了三个“刀笔吏”，编写一个《完成最艰苦的战斗任务与休息的重要性》的小册子，洋洋洒洒两万言，图文并茂，宣传可口可乐对于前方将士的重要作用，还精选了“前方来信”、“士兵心愿”的短文和照片，向社会广为散发。

这一“宣传战”一炮打响。在记者招待会上博得了国会议员、军人家属和国防部官员的阵阵掌声，对前方将士也起到了望梅止渴的作用。国防部的官员不但同意把可口可乐列为军需用品，还支持在军队驻地办饮料生产厂，并公开宣布：“无论在世界的任何一个角落，凡是有美军驻扎的地方，务必使每一个战士都能以 5 美分喝到一瓶可口可乐。这一供应计划需要的全部设备与经费，国防部将给予全力支持。”

在五角大楼雄厚财力的支持下，可口可乐公司在不到 3 年的时间内，就向海外输出了 64 家生产加工厂。到第二次世界大战结束时，可口可乐作为“军需用品”的消费量，已达到 59 亿瓶。可口可乐的名字也很快传遍了全世界。

伍德鲁夫苦心经营 60 年，终于使可口可乐成为世界饮料之冠，每天销售 3 亿瓶，享誉世界，列世界名牌榜首。

伍德鲁夫借助五角大楼这个最强劲的“势”，乘势而行，一举打开了可口可乐全新的销售局面，为以后可口可乐走向全世界，发展成为全世界最著名的公司之一打下了坚实的基础。而伍德鲁夫也以卓越的成绩成为可口可乐发展史上的功臣。

一个人在事业上要想获得成功，除了靠自己的努力奋斗之外，还需要借助他人的力量，才能平步青云、扶摇直上，取得自己想要的成功。

一个员工个人能力再强，不懂得借风腾云，就是在滥用自己的能力，那他的职业气场必定就会越来越弱，最后成为别人心目中的平庸职员了。不懂得乘势的员工是可悲的，他们已经在慢慢消耗自己的辛苦修来的职业能力，他们快在职场上没有立足之地了，他们还是觉得自己有超于常人的职业气场，最后他们被职场淘汰了还在自我陶醉中不能自拔。

只有在职业发展之道上懂得借风腾云，乘势而行，才能为自己营造强大的职业气场，并让这个气场感染到周围的人，使他们更愿意接近你，帮助你，你就有了更多提升自己的机会，你就一定能在职场上走出一条康庄大道。

第十章

展示自己，让自己放出光芒

职场上不懂得去展示自己，你的努力就是徒劳的。酒香也要走出深巷子，金子也要摆在市面上。一个人要在岗位上努力地营销自己，引起别人的注意，才能光芒闪亮。精美的名片、良好的形象、热忱地工作等等都能使你更好地展示自己，提升自己的气场。

1. 活跃气氛，吸引别人的注意

人与人之间的交往就是意志力与意志力的对抗，气场便在其中彰显出来。气场是一种让人乐于接受的控制力。它与权力不同，气场不是强制性的，其作用的发挥是一个微妙的过程，以一种潜意识的方式来改变他人的行为、信念和态度。气场也是一种出色的个人能力和综合素质，是一个人在群体中价值的集中表现。气场能让你的个人品牌光耀卓绝，能让他人心甘情愿成为你忠诚的信徒。有气场的人，往往也是那些最善于展示自己、最活跃的人。

譬如在火车上，大家都各自坐着，无聊地看着窗外，或是心不在焉地打盹。一位男子正在仔细地研究那种可以灵活地翻倒的烟灰盒。他研究了一会儿，笑呵呵地说："发明这种烟灰盒的人是聪明的，否则，为了倒烟灰，就必须把整个火车倒过来了。"一瞬间，许多闭着的眼睛都睁开了，都往他看，看到他笑，大家也都笑了。对面座位上的小伙子主动地和他打招呼，和他一起研究起这种烟灰盒来。这个人一下子就成为了全车厢里最引人瞩目的人物了。

在拥挤的公交车上，即使身体互相挤压，人们之间一般也无话可说。可是有这么一个人，他突然就耐不住寂寞了，他说道："喂，各位，大家都吸一口气，缩小些体积，我挤得受不了啦，快成照片了！"大家就一起笑起来。陌生人之间都变得亲近起来，交流便由此开始了。大家都会觉得他是一个和气可亲而且幽默的人，都乐于和他交往。

善于活跃气氛的人，往往会格外引人注目，吸引别人的注意，让别人记住你，而且乐于与你交往，觉得你是一个有正面气场、值得交往的人。这样的人往往就是圈子里的核心人物、最有气场的人。所以，学会活跃气氛，是吸引别人注意的技巧。

比如在宴会上，做主人的要把客人招待好，就一定不能死气沉沉、默不作声，这样只会让客人觉得无聊和无趣，让客人扫兴，所以一定要活跃气氛，用妙语或是幽默打破僵局，做真正的主人，你的气场才能散发出来。客人则需要积极地响应主人，互来互往，互相吸引，让宴会上笑声不断，彼此都能开心，也让彼此的心靠得更近，关系更深。

著名国画大师张大千与著名京剧艺术大师梅兰芳神交已久，相互敬慕。在一次张大千举行的送行宴会上，张大千向梅兰芳敬酒，出其不意地说："梅先生，您是君子，我是小人，我先敬您一杯！"众人先是一愣，梅兰芳也不解其意，忙问："此语做何解释？"张大千朗声答道："您是君子，动口；我是小人，动手！"张大千机智幽默，一语双关，引来满堂喝彩，梅兰芳更是乐不可支，把酒一饮而尽。

一般来说，善于活跃气氛、打开局面的人，总是现场最受欢迎的人，因而也是气场强大的人。他们能吸引大家的注意，进而得到大家的喜欢和认可。比如说：饭桌上那个会活跃气氛的人，往往能成为众人的中心，大家愿意听他在那里"瞎掰"，因为这会给大家带来很多乐趣；办公室里那个能活跃氛围的职员，也是同事们最愿意聆听的对象，因为他的一言一行都透着幽默和欢乐；舞台上则更是那些善于调节气氛的人最抢眼，最能吸引大家的目光。

欧弟作为台湾的一名二线都算不上的主持人，为什么能赢得湖南《天天向上》节目编导的垂青呢？这其中的原因很简单，那就是他太会活跃气氛了。

他当初和吴宗宪去陕西卫视做一档综艺节目，那档节目其实不温不火。但是欧弟是胡瓜的徒弟，又跟着吴宗宪学了不少“俏皮话”，更是在台湾的综艺圈摸爬滚打了很久，所以他“插科打诨”的功力几乎到了炉火纯青的地步。每次吴宗宪在主持觉得气氛快要干的时候，欧弟总是或以模仿、或以笑话、或以扮丑等来活跃气氛，逗得现场观众捧腹大笑。欧弟扮演主角的能力也许欠缺，但是要是做活跃气氛的配角那就是绰绰有余了。

他的这个能力很快被《天天向上》编导发掘了，于是他就顺理成章地成为了“天天兄弟”中的一员。熟悉这个节目的人都清楚，每当汪涵眼睛微微一瞄欧弟的时候，他总能够会意，然后以他独到的“插科打诨”的功力吸引住观众，最后让观众不自觉地笑开了怀。欧弟很快就赢得了观众们的喜爱，成为了在内地发展的最受欢迎的台湾主持人。

欧弟非常擅长活跃气氛，所以他引起了《天天向上》编导和观众的注意，最后成就了自己。欧弟并不是一开始就是活跃气氛的高手，当初他作为新人的时候也是发呆愣神，甚至在一次访问蔡依林的过程中因为实在无话而痛哭，后来那个节目就死掉了，他在娱乐圈发展很是不顺。随着后来他慢慢地跟着台湾综艺前辈们学习和自己的琢磨，他终于练就了活跃气氛的能力，并且能够在节目上吸引观众的注意，成为他们最愿意看见的主持人。

现在，他是公认的优秀主持人，现在他身上也有了观众非常喜爱的亲和气场，这些都是哪里来的呢？就是因为他在一次次的主持锻炼中，努力做到了活跃周围的气氛，让更多人看到他的光芒，渐渐认可他的主持，他就会在这个过程中找到自己的职业自信，越自信就会越有激情地去工作，最后他必然就会成为更多人喜爱的职业主持人了。

职业竞技场就是一个大舞台，普通的员工也得要卖力地演出才能在舞台上站得住脚，尽管很多优秀的员工是舞台上的主角，但是普通的员工的配角作用也是巨大的。你做配角懂得不遗余力地活跃舞台上的气氛，才能锻炼出足够的职业气场，这样才能担得起舞台上的主角。想想看，一个特别严肃呆板的员工，整天在办公室里也板着个脸，见到客户也是毫无表情，说的话做的事总是那么无趣，那他的存在在别人的眼里就是可有可无，那么更多的机会就不会落到他的头上，他也就肯定难以有所成就。

所以，有的时候，别怕“出位”，就做那个最受人喜欢的“搞怪高手”吧，别让沉闷左右了你的人生，那样，只会让人厌弃。要知道偶尔“搞搞怪”、“出出位”，反倒更容易让你“上位”。

2. 给自己设计一张抓人眼球的名片

一个员工得有好的发展机会才能步入优秀的职业之境，这个机会不能光靠等待，等你的上司开恩，等你的客户发善心，这些都不是靠谱的。机会还得靠自己去创造，一个普通职员也许会觉着自己的能力单薄，很难实质地抓住什么好机会，其实不然，有时候，机会就是需要一个小的举动来创造，譬如给自己设计一张抓人眼球的名片，这个名片就能展现出你的一些职业气场，就会有人重视你，你的机会也就来了。

白玲已经毕业很久了，她在大学读视觉艺术专业，这个专业非常冷门，工作很不好找，她毕业以后就转行做起了汽车销售。可见，她的职业能力相较于她的同事来说必定是差的。

可是白玲能在兴趣中寻求安慰，她酷爱视觉艺术，平时没事就喜欢DIY，她家里面很多日常用品都是她自己设计的，即便是一张普通的名片，她都会把它设计出不一样的美感。

一次，一个中年男子来看车子，白玲负责接待他。出于习惯，白玲递给了他一张自己的名片，就是这张名片让男子对白玲有了兴趣。他问白玲:"你们公司的名片还真是与众不同,很像是艺术学院的创意作品。"

白玲回答:"先生,这个是我自己设计的,我大学念的是视觉艺术,所以习惯捣鼓小东西。"

"哦,是这样啊。可惜今天我没带名片,我就自我介绍一下吧,我是一家广告公司的经理。我对这种创意的东西就很有敏感度,我看得出来你是一位有思想有美感的人,呵呵,我的车子就在你这儿买了。"

"先生,您过奖了。您说的是您刚才试过的那辆车子吗?"白玲微笑着问。

"是的,就是那辆,不过我要的是10辆,我买来准备犒劳公司精英的。"他轻松地回道,"不过,我有个忙想请你帮忙,我想让你帮我们公司的员工设计名片,怎样?"

"先生您太客气了,您买我的车子就是帮了我大忙了,为您设计名片是我的荣幸。"白玲非常兴奋地回答。

"你叫我的大名刘锡易吧,今后我们俩就是朋友了,我喜欢你的设计,恐怕以后还要麻烦你呢!"

"没问题。"白玲爽快地回答。

后来,白玲为刘锡易设计的名片让他非常满意,而刘锡易也会推荐一些朋友到白玲这里来购车,就是这样,白玲从一位不起眼的员工变成了公司里业绩最优秀的员工。

名片其实就是一个员工的脸面,名片设计得精美,你给别人展现出的脸面自然就光彩。你在陌生人面前怎么把自己"秀"出来?你在他面前滔滔不绝地说当然是不合适的,这会让陌生人对你心生反感;你也不能故意做一些事来讨好他,这样他会觉得你有所企图;你做好的办法就是设计好你的名片,将它递给这位陌生人,他会即刻注意到你,你自然引起他的注目。

员工通过设计一张抓人眼球的名片,就可以让更多的人注意到他,这其实就是通过某种媒介来让别人看到他的职业气场,这也是职业能力的显示。不要小看一张名片的价值,你想想看,若是某企业大亨给一张精美的名片，你会怎么觉得？你会认为他的这一举动太有气场魅力，而且单从这个精美的名片上来看，你就会认为他是一个很优秀的人，他能把这么细节的东西做得如此完美，他对待职业工作必定是更加完美，你就会对这位大亨有更多的赞赏。相反，要是他给你的是一张皱皱巴巴、平淡无奇的名片，也许你嘴上不说，但心里已经开始轻视他的实力了。

一张精美的名片是现代职员在公关社交中身份的象征，也在一定程度上显示他的职业气场。当然，递送名片时也要展现出你的气势和风度，才能使你的名片更有分量。

1. 你得选择最恰当的时候递送给对方名片。你发名片最好选择在与对方见面或者告别时，或者是你要发表意见了，这个时候你就可以给身边的人发一发自己的精美名片了。

2. 你送完自己的名片以后，一般会接到对方回赠给你的名片。这个时候你就更得注意了，你要停止手头上在做的事情，还得起身站立，面带微笑地接受对方的名片。你必须得用双手或是右手，但不能用左手接过。

你给自己设计了一张抓人眼球的名片，并且非常礼貌地递给了对方和接受了对方的名片，你就在对方的心目中留下了好的印象。你就成为了对方心目中一个潜在的重要人物，说不定哪一天，你就会成为他重要的合作伙伴、最大的客户甚至最要好的朋友。

3. 形象力就是吸引力，以形象展示气场

一个人仪表整洁，打扮适宜，举止合度，形象良好，其气场也就自然而然地表现出来了。其实很多时候，外在的形象才是我们的气场最直观、最有力的表现。形象力就是表现力，就是感染力，就是吸引力，就是魅力，就是气场！

比如演艺明星范冰冰，就是一位特别善于利用服装和形象打造自己无人能及的强大气场的人。

2010 年 5 月，范冰冰首次参加戛纳电影节，就以一袭明艳夺目的明黄色龙袍礼服，把“中国风”的华服风情带到了法国，惊艳了全世界，当然也打造了范冰冰自己霸气逼人又透着女帝气质的强大气场。并且乘着“龙袍加身”的强大气场，从戛纳开幕就活跃非常，高调代言、穿出话题、抢人家首映礼的星光等等，一举成为世界级的明星“国际范儿”。

2011 年的戛纳电影节，范冰冰再次走过红毯，却是一袭大红底色绣仙鹤的礼服再次艳压全场，备受瞩目。也使范冰冰从里到外透露出自信和优雅，气场无人能及。

乔·吉拉德说：“一个人的外在形象，反映出他特殊的内涵。倘若别人不信任我们的外表，你就无法成功地推销自己了。”因为形象最能表现一个人的内涵，形象就是气场。有良好的形象，才会有强大的气场。

而对于很多人来说，形象最直观的体现就是自己的穿着打扮、发型妆容、仪态仪表，再说得直白一点，我们的形象有 80％源自于我们的外表。“以貌取人”正是代表了普通大众对于外表的态度。你有着良好的外表，你穿着得体，打扮适宜，你就能成为受人欢迎的人。

香港企业家曾宪梓先生创业之初，有一次背着领带到一家外国商人的服装店推销。服装店老板看他穿着朴素，又操一口浓重的客家话，毫不客气地让曾宪梓马上离开。曾宪梓碰了一鼻子灰，只好怏怏不快地走了，

曾宪梓回家后，认真反思了一夜。第二天早上，他穿着笔挺的西服，又来到了那家服装店，恭恭敬敬地对老板说：“昨天冒犯了您，很对不起，今天能不能赏光吃早茶？”服装店老板看了看这位衣着讲究、说话礼貌的年轻人，顿生好感，欣然答应。两人边喝茶，边聊天，越谈越投机。从此以后，这家服装店老板和曾宪梓成了好朋友，两人真诚合作，促进了金利来事业的发展。

得体的穿着，等于在告诉大家："这是一个重要的人物，聪明、成功、可靠。大家可以尊敬、仰慕、信赖他。他自重，我们也尊重他。"相反，一个穿着邋遢的人给人的印象差，它等于在告诉大家："这是个没什么作为的人，他粗心、没有效率、不重要，他只是一个普通人，不值得特别尊敬他，他习惯不被重视。"

从某种程度上来说，一个人改变自己的服饰，实际上就是在改变自我形象，改变他人对自己的看法。你穿得整洁，无形中就提高了自己的身份，而别人觉得你可信，就容易答应你的要求。你衣着邋遢，别人就会认为你是一个自暴自弃的人，可能会一口回绝你的请求。

所以，职场员工切不可忽视自己的形象，要打造自己的良好形象，以形象提升自己的气场，让自己的职场之路更顺当。

首先，要让自己穿着得当。俗话说："人靠衣装，佛靠金装。"即使是同一个人，因服装的关系而给予别人的感觉就有相当大的差异。

有学者作了这样一个有趣的实验，让实验者故意放置一枚铜板在公共电话机上，然后观察下一位打电话者可能产生的行动。结果发现，穿衬衫打领带、服装整齐的男士把铜板放回原处的比率较穿着随便者高。以女性作实例，所得到的结果也是一样。再以穿越人行横道的情况做实验，结果也发现，穿衬衫打领带的男性，虽然有闯红灯的情况，但比穿着随便者少很多。

可见服装整齐的人比较容易给别人信赖感和威严感。因此，如果想要使自己更具有可信度，更有威信和气场，就一定不要忽略自己的穿着。穿着和打扮可以有效地改变人的气场。当你的穿着打扮、外貌气质都胜人一筹时，你身上就会自然而然地焕发出一种包含着优越、高傲和自信的独特气场，让任何人都不敢轻视你。那么就改善自己的服装品位，让自己成为那个自信、优越和高傲的那个人吧。

其次，要保持仪容仪表的整洁。根据心理学家所作的问卷调查结果显示，认为从仪容上能够提高个人魅力的主要因素有"秀丽的头发、洁白整齐的牙齿、没有口臭、咳嗽时应有礼貌、关怀的眼神、流行的发型、品行优良、注重清洁"等要项，这也是大部分男女所公认的条件。一个从头到脚都整洁清爽的人，必然会比那些不修边幅的人更能得到大家的认可。因此，追求完整的仪容美，自身的作用很大，要学会弥补先天外貌的不足，让自己的仪容仪态都尽可能地完美。

(1)头发

①勤于梳洗。做好头发的日常护理，遇到重要应酬，应于事先理发、洗发。

②长短适中。取决性别因素，兼顾身高、年龄、职业因素。

③发型得体。与个人的发质、脸型、身高、胖瘦、年龄、着装、佩饰、性格相协调，与自己的职业、身份、工作环境相适应。

④美化自然。运用染、烫、吹等方法进行美化，应以自然为本，不宜留有过重的雕琢痕迹。

(2)面容

要勤于洗脸，保持干净清爽。眉、眼、口、牙、鼻、耳等部位，除了保持清洁，也可适当修饰。没有特殊宗教信仰、民族习惯和特殊身份，最好不要蓄须。

(3)手臂

手掌保持卫生、健康、美观，做到勤洗涤、常修剪，不要以脏手、病手与他人握手、接触。在正式场合，肩臂(尤其是肩部)不应裸露在外，女士腋毛外露更是大忌。

(4)腿脚

正式场合中，腿脚禁忌裸露。穿短裤、光脚穿鞋都是不应该的。女士穿裙子，不应光着大腿不穿袜子，更不能让光着的大腿暴露于裙子之外。

(5)保持微笑

常言道，伸手不打笑脸人，总是把美丽的笑容挂在脸上，就算是再冷漠的人肯定都会被你融化！微笑和礼貌是友善之相。更何况“礼多人不怪”，所以在与人接触时，时刻记得把“请、谢谢、对不起”挂在嘴边，也会为你的外在形象加分不少。

(6)眼神会说话

在与人接触时，我们通常会透过对方的眼睛读到一些信息，包括真假善恶等动机或意图等，总能从眼神当中传递出来。因此一定要注意自己的眼神，不要让人产生不正经或虚假的感觉，否则无论怎样用语言表达，也回天无力。

再次，要注意自己的言行举止。举止是一种不说话的“语言”，能在很大程度上反映一个人的素质、受教育的程度以及能够被别人信任的程度。行为举止体现着一个人的修养和风度，在职场中的行为举止粗俗，会使一个人失去亲和力，削弱气场。而稳重大方则会受到人们的普遍欢迎。在社会交往中，一个人的行为既体现他的道德修养、文化水平，又能表现出他与别人交往是否有诚意，更关系到一个人形象的塑造，甚至会影响国家民族的形象。冰冷生硬、懒散懈怠、矫揉造作的行为，无疑有损于良好的形象。相反，从容潇洒的动作，给人以清新明快的感觉；端庄含蓄的行为，给人以深沉稳健的印象；坦率的微笑，则使人赏心悦目。

学会寒暄。寒暄是一种常用的交谈话语。两人一见面，简单的寒暄能满足人们的亲和需求。你可以随意谈论一下今天的天气，或赞美一下对方的衣服等。简短的话语，使双方很容易切入后面的话题。

研究证明，人们更容易记忆自己亲眼看到的动作，而对听到的声音则因情、因境、因人各有不同，所以，在说话时巧妙地使用手势，更容易给对方留下深刻的印象。手势语言，可以使所说的话给人以立体感、形象感，帮助对方理解所说内容；可以强化所要表达的感情，激起对方的共鸣；可以传达有声语言所不能很好传达的微妙感情。

微笑是一种温馨、亲切的面部表情，能有效地缩短双方的距离，给对方留下美好的心理感受，从而形成融洽的交往氛围。面对不同的场合、不同的情况，如果能用微笑来接纳对方，可以反映出本人良好的修养。

在与人交谈时，不要紧盯着对方，这样会给人咄咄逼人的感觉；也不要不停地眨眼或不住地向其他地方看，这样会让人觉得你根本没有认真听，是没有礼貌的表现。交谈时应当自然地注视。

要讲究礼仪。经常使用“谢谢”、“对不起”、“请”等最基本的礼貌用语。个人魅力实际上是非权力领导力的升华，个人魅力作用在各方面都会增强非权力领导力，能把别人牢牢地吸引在自己身边。一个优秀的员工必然是一个充满魅力的人。

因此，我们在交往中应该使自己成为举止优雅、行为大方的人。这样不仅使自己的形象大大提升，也会使自己的气场从此不同。

最后，要打造自己的职业形象。除了外表形象，作为职场人士，个人的职业形象对于工作的顺利开展也相当重要，打造完美的职业形象是获得职场成功的重要途径。

职业形象需要塑造，但是千万不要以为职业形象只是发型、衣着等外表的东西，现代意义的形象包括仪容（外貌）、仪表（服饰、职业气质）以及仪态（言谈举止）、行为规范、专业形象等方面，其中最为讲究的是形象与职业、地位的匹配。一个好的职业形象，不光是把自己打扮得多么美丽、英俊，最主要的是要做到自身发型服饰、气质、言谈举止与职业、场合、地位以及性格相吻合。其中，最重要的当然是要体现出你在职业领域的专业性，任何使你显得不够专业化的形象，都会让人认为你不适合你的职业。

同时，职业化形象也是你在自我思想、追求抱负、个人价值和人生观等方面与社会进行沟通并为之接受的方法。职业化形象是要体现出你在该职业领域的专业性。任何使你显得不够职业化的形象，都会让人认为你不适合你的职业。如果你想事业有成，首先你得让人看起来就能成为事业有成的人士。

完美的职业形象不仅仅是仪表、仪容、着装、行止，还是员工自身的修养和素质的体现。忠诚、敬业、负责、主动、服从、合作、创新……都是职业形象的一部分。所以，要打造自己的完美形象，仅仅是外表的修饰是远远不够的，必须由内而外，全面升级才行。

每一个职场中人都希望自己的形象良好，受到大家的青睐，那么怎样才能修炼自己形象，打造自己的完美职场形象呢？下面提供几点建议，希望能给你带来帮助：

（1）打造自己的专业形象。职业形象要表现得专业，首先要在衣着上尽量穿得像这个行业的成功人士，宁愿保守也不能过于前卫时尚。另外，最好事前了解该行业和企业的文化氛围，把握好特有的办公室色彩，谈吐和举止中要流露出与企业、职业相符合的气质；要注意衣服的整洁干净，特别要注意尺码适合；衣服的颜色要选择皮肤的中性色，注重现代感，得体大方。

（2）注意仪表和装扮恰当适宜。职业形象要达到几个标准：与个人职业气质相契合、与个人年龄相契合、与办公室风格相契合、与工作特点相契合、与行业要求相契合。个人的举止更要在标准的基础上，在不同的场合采用不同的表现方式，在个人的装扮上也要做到在展现自我的同时尊重他人，还要顺眼、协调、得体。

(3)遵守职业道德，恪守职业精神。也是一个人完美职业形象的重要方面。这些隐性的、潜藏的形象比外在的形象更能深刻地影响到你的职业生涯。所以，要打造自己的完美职业形象，切不可忘记自己的个人操守，恪守职业道德。

任何一种职业都有自己的职业道德，每个行业，都有自己的行业规则，都有自己的一种职业道德。“盗亦有道”，算得上是给职业道德下了一个最醒目的注脚——盗都有自己的职业道德，有自己的基本素质要求，遑论其他？

职业道德是职场的最高信仰，是职场的基本规范，是我们的立身之本立业之要，更是一个职业人形象的最佳体现，千万不可以亵渎，更不可违反，不可丧失，而是要像维护生命一样来维护来奉行坚守，不然，我们就失去了我们在职场立足的根本，更别说形象了。

良好的职业形象绝非一朝一夕就能养成，它必须经过精心的策划和长期的磨炼。当今时代是一个张扬个性、丰富多彩的时代，个人形象的设计不但要根据行业统一标准的基础而定，也要协调自我的喜好、兴趣。灵活掌握外在形象设计和内在涵养的修炼是人生的重要一课。经过精心的修炼，相信每一个人都会有一个良好的职业形象。

经过对自己形象的精心打造，相信自己一定会有一个强大的职业气场。

你要想成为优秀的员工，从现在开始就审视你的形象吧！每时每刻，你的形象都会向外界传达着有关你的职业气场信息，无论这种信息对你有利还是不利，你得明白，今天你的穿着是否得体？你的仪表是否整洁、干净？你的姿势是否端正？……长此以往，你一定会打造出一个良好的职业形象，吸引大家关注你，欣赏你，并将你的气场发挥到最强，成为最优秀的员工。

4.

用热忱感染周围的同事

成功学大师卡耐基把热忱称为“内心的神”。当一个员工充满热情时，他散发的是一种充满朝气、生机勃勃的工作魅力。一个失去热情，对很多工作都采取漠视和冷淡态度的员工，是一个没有职业气场的人。他看不到职业的闪亮前程，看不到自己的强大的职业气场，更激发不起工作的热情和兴趣，终日伴随他的只是工作的枯燥和乏味，这就是一种可悲的职业上的自我摧残和埋葬。

热忱也是一个员工的才能中最重要的一个因素。你的热忱能感染到身边的每一个同事，他们会在你的热忱中感受到你独特的职业气场，将职业梦想转化成现实的热忱和冲劲就是你的职业气场，并感染身边的每一个人。

热忱是一种强大的力量，一种无所不能的力量。无论你是什么样的人，无论你多么渺小，只要拥有生命的热忱，你就无所不能！

澳大利亚男子尼克·胡哲，一生下来就没有双臂和双腿。但他却创造了一个又一个奇迹，不仅能够用电脑、用嘴叼笔写字，还能游泳、冲浪、打高尔夫球甚至“踢”足球，他“走”遍了世界40多个国家和地区，进行了1500多场演讲，用自己的激情、乐观、坚强，用对生活的无限的热爱，帮助了无数和他有相似经历的人，更是感染了全世界所有的人。

尼克出生于1982年12月4日，一生下来就没有双臂和双腿，只在左侧臀部以下的位置有一只带着两个脚趾头的小“脚”。父亲当时吓了一大跳，甚至忍不住跑到医院产房外呕吐；他的母亲也无法接受这一残酷的事实，直到尼克4个月大才敢抱他。这种罕见的现象医学上取名“海豹肢症”。为什么会得这种病，医学上至今还没有合理的解释。

尼克的双亲一直希望儿子能像普通人一样生活和学习。18个月大时，父亲就把他放到水里学游泳。6岁时，父亲开始教他用两个脚趾头打字。经过艰难抉择，父母把尼克送进当地一所普通小学就读，尼克认为这是父母为让他融入社会作出的最佳抉择。“那段时间对我而言非常艰难，但它让我变得独立。”

经过长期训练，残缺的左“脚”成了尼克的好帮手，不仅帮助他保持身体平衡，还可以踢球、打字。

游泳并不是尼克唯一的体育运动，他对滑板、足球也很在行，“最喜欢英超比赛”。

他还能打高尔夫球。他用下巴和左肩夹紧特制球杆，然后击球。

尼克还学会了冲浪，他甚至掌握了在冲浪板上360°旋转这样的超高难度动作。

尼克曾感慨，13岁是他生命的转折。

那年，一个演说家到学校把他和同学们都讲哭了。受到激励，他决定把帮助别人作为人生目标。“上帝把我生成这样，就是为了给别人希望。”

他自己打电话到每个学校，52个学校拒绝了他。但是打到第53个学校时，对方同意了。

尼克从17岁起开始做演讲，向人们介绍自己不屈服于命运的经历，迄今他已经“走”遍了世界40多个国家和地区，举办了1500次演讲。尼克通过奋斗获得了会计和财务策划双学士学位，并荣膺澳大利亚“年度杰出青年”称号。他每次出现在大家面前时，弱小的身躯和脸上阳光的笑容形成了强烈的反差，但就是这样的一个身影，刚一出现，就传递出一种强大的生命力，他全身充满的激情立即感染了每一个人。

尼克强调自己“不是超能英雄”，自己也有脆弱的时候。“我最初不明白为什么我要来到这个世界，想过自杀。但是如果我不是天生就没有手脚，我有机会来演讲吗？”他最后总结说，“人生最可悲的并非失去四肢，而是没有生存的希望和目标。真正改变命运的并不是我们的际遇。”

尼克到武汉演讲结束后，一个没有胳膊的小男孩走上台，怯怯地问尼克：“你有被人当作怪物围观过吗？”尼克笑着回答说：“有啊，但是我不在乎，你呢？”小男孩倔强地抬起头，说：“当别人围观我，歧视我，我会（狠狠地）瞪回去。”尼克笑了，说：“你要相信，没有手臂，拥有激情，也能拥抱世界！”

一种态度成就一种命运，同一种现状，不同的态度却有不同的结果。对生命怀抱热忱的人有着积极进取的精神，乐观自信的态度，积极负责的行动，并因此而收获属于自己的精彩人生。

热忱是可以传染的，一个企业、一个组织或是一个团队，如果有一个或是几个激情满怀的领头人，他们如火的激情就会感染每一个人，从而让整个团队都活力无限，都激情满怀。这样的组织，这样的团队，这样的企业，不成功是不可能的。

比尔·盖茨为什么能创建如此辉煌强大的微软帝国？杰克·韦尔奇为什么能成为人人争相效仿的世界第一CEO，松下幸之助为什么能成功创办世界著名的松下电器？李嘉诚为什么能连续多年成为华人首富？马云为什么“举着望远镜也找不到竞争对手”？只因为他们有一个共同的特点——对工作充满无与伦比的热忱，并能把这种热忱传递给自己的企业，转变成员工内心熊熊燃烧的烈火，激励着员工为共同的梦想而努力奋斗。这是他们成功的秘密武器之一。

带着激情去工作，不仅会让自己取得惊人的成功，也会使周围所有的人都受到感染。激情是可以互相传染的，拥有激情的人一定有很好的影响力。通过你个人的努力，你的团队也会充满激情工作的风气，从而带动整个团队的成功。

伟大的篮球明星迈克尔·乔丹曾经说过：“一名伟大的球星最突出的能力就是让周围的队友变得更好。”这传达的正是团队所需的一种精神，而这种精神的载体正是激情。

现在，我们每当提起篮球和NBA，都会想到乔丹，想到芝加哥公牛队，以及由乔丹率领的梦之队。那是一个制造英雄的时代，NBA在全球的发展需要乔丹这样的明星和英雄。任何时代的人们都需要英雄，需要英雄崇拜。但同时，任何时代的英雄的业绩都不是一个人创造的，包括乔丹。那时的芝加哥公牛队还有皮蓬、罗德曼、科尔、朗利、库科奇、格兰特等杰出的运动员，他们组成了一支优秀的团队，才成就了芝加哥公牛队两个三连冠的霸业。可以说没有乔丹，就没有芝加哥公牛队20世纪90年代的辉煌；没有乔丹的那帮伙伴，也同样不会有那个辉煌的时代。

那乔丹的作用在哪里呢？他的伟大又表现在什么地方呢？这就是英雄所应具备的产生激情与传递激情的能力。正如他所说，一名伟大球星最应该做的，就是努力传递团队精神，传递激情与责任感，传递一种必胜的信念。

一个带着激情工作的员工，一个拥抱激情、活力四射的员工，他的力量无与伦比，他的光芒也无人能及，凡是接近他的人，都会不由自主地被他的激情所感染，团队所有的成员不论是团队管理者还是普通成员，都应该积极传递激情，而这首先要求自身拥有激情。当然起最大作用的还是管理者，一名优秀的管理者应该做到使自己长期保持工作激情，并懂得怎样将激情传递给团队的其他成员。

本田公司的发展历程可作为证明。20世纪五六十年代，刚刚起家的本田工厂只是一个以自动化生产为主的普通汽车制造公司，其设备和生产方式并无过人之处。可是令人惊奇的是，全公司职工士气旺盛，不仅厂里没有质量检查员，所有需要检验的零件，都是由负责制造的工人自行度量。工人都充满激情，而且勤奋好学，钻研业务，产品因而得以不断改造。这些都得益于老板本田宗一郎对激情的重视。本田是一个激情四射的人，随时随地都能感受到他的那种无所不在的激情。他从来不摆老板架子，而是像手下每一个工人一样，穿白色的机械工作服，在工厂的食堂里吃饭，和员工们谈笑风生。但工作起来，自有一番拼命三郎的干劲。他的这种干劲影响了整个公司，使每个部门都弥漫着激情工作的风气，企业的发展也就不可阻挡。

热忱是世界上最有价值的一种感情，也是最具感染力的。一个人从事他所喜爱的工作时，你可以一眼就看出来，他非常投入，其表现出的自发性、创造性、专注和执着都十分明显，而在那些视工作为应付差事、乏味无聊的人那里，是根本看不见的。只有怀抱热忱的人才会有强大的气场。这样的气场足以摧毁偏见与敌意，摒弃懒惰，扫除障碍。热情是行动的信仰，有了这种信仰，任何人都会无往不胜。

在北大资源学院后勤部的王爱军，就是这样一位用自己的激情感染了每一个人的员工。他在平凡的岗位上积极热情、吃苦耐劳、关心同事。给同事们带去的不只是工作上的帮助，更给人以内心的温暖和昂扬的激情。

王爱军的专业技术以木工最为擅长，但对水、电、暖技术也是甚为精通，可谓“一人多能”，学校各部门哪儿出现需要维修的问题，不管白天还是晚上，即使是周六、周日他都以最快的速度赶到维修地点，在最短的时间内为大家解决后顾之忧。他从来不计较个人得失，全心全意为老师、学生着想，得到了全校师生的一致好评，满意度百分百。

他身上总挂着破旧的挎包，里面装着他心爱的工具——螺丝刀，锤子……后勤维修工作辛苦而琐碎，要想干好这份工作非常不容易！但是王爱军从来没有叫过一声苦喊过一声累。在别人眼里他可能就是一个不起眼、平凡得不能再平凡的维修工，他总是带着一张憨厚的笑脸和一颗热情、真诚为用户服务的心，在最平凡的工作中给人们带来快乐！他每天第一个到达后勤部，微笑着向陆续到来的员工们打招呼，把自己的工作一一排列在日程表上。不管对谁，他都热情洋溢，不管什么时候，他都是乐呵呵的。

在他的影响下，后勤部的员工都变得积极上进，业绩稳步上升，他的精神改变了周围的一切，以前那种懒懒散散的工作作风不见了，整个团队精神抖擞，热情高涨。甚至整个学院都知道了后勤部有一班勤奋乐观的工人。

热忱可以相互感染，只要团队中有一人产生激情，就可以使整个团队都充满激情，团队领导者或管理者需要做的就是使传递热忱和激情的渠道畅通。

对每个员工来说，对工作充满热忱是必须具备的一个非常重要的品质。一个没有热忱的人，不会让自己的梦想和智慧像火一般地熊熊燃烧，也不会积极主动地工作。热爱工作，就不把工作当作负担，而能从工作中找到乐趣，努力投入到工作中去，并凭借这种热爱去发掘内心蕴藏着的活力、热情和巨大的创造力。事实上，对自己的工作越热爱，决心越大，工作效率就越高。当你每天都以这样的心境和态度对待工作，那你的工作又何愁不出色，你的事业又何愁不成功，气场又何愁不强大，人生又何愁不精彩呢？

所以，我们不仅要有炽烈的热忱，还要把这种热忱传递给周围的每一个人，让他们也在你的感召和影响下，散发出巨大的能量和气场，让自己和同事一起，收获生命的精彩。

5.

多在上司面前增加曝光率

低调和谦虚是中国的传统美德。中国人认为，要想高人一等，必先低人一等，因为世间万事万物皆起之于低，成之于高，低是高的发端与缘起。不先低下去，如何能高起来？只有懂得谦逊为人、低调处事的人，才会得意时不张扬卖弄、失意时不苟且猥琐，任何时候都有做人的风骨，符合传统道德标准。

但是在现代职场，一味地低调和谦虚、一味地藏锋敛芒、不知道展示自己，显然是不合时宜的，也是不适合提升自己的气场，让自己成为最闪亮的那个人的理念的。因为现代职场竞争激烈，而且是标准的“眼球时代”，不会展示自己的员工，很有可能永远没有机会，永远只能在角落里。就像韩愈写的《马说》中的千里马一样，只能“骈死于槽枥之间”，即便能“日行千里，夜行八百”，也一无用处，遗憾终生。所以，现代员工要谦虚，要低调，但也要懂得展示自己，当仁不让，主动表现自己的能力，才能提升自己的气场，表现自己的气场，成为最引人注目的优秀员工。

从单调地每天数飞机票的机场售票员到一名证券公司的经纪人，胡立阳的生活发生了翻天覆地的变化。在别人看来，喜欢在上班时间聊天是胡立阳的缺点，而在证券公司看来却是一个不错的优点，因为爱聊天说明此人沟通能力不错，否则引不起别人说话的欲望。

然仅有聊天是不行的，胡立阳还得每天根据各种股票的走势画出K线图，还得每天向自己的客户提供各只股票的分析，还得帮助自己的客户规避可能出现的风险。也许是天生对股市的敏锐，胡立阳代理的客户都在股市里面捞到了金，于是胡立阳在华尔街的名气越来越响，有客户把他称为“华尔街神童”。胡立阳不用为手上没有客户发愁，也不再需要每天打500个电话寻找客户，找自己做经纪人的客户要排队，但找自己的人越多，胡立阳就越觉得生活不公平，那些在业务上一点也不比自己强的美国同事，一个个都得到了升职，而自己在证券公司这么多年了，却还没有一次升职的机会。

胡立阳渴望升职，一是要证明自己干得不差，二是胡立阳已经不满足于证券经纪人这个位置了，他渴望在更大的舞台上施展自己的才华。可惜升职的机会却一直没有出现过。胡立阳想来想去，决定主动出击，让那些掌握自己升职命运的人了解自己。一天，胡立阳随手打开电视机，电视里周润发正面对主持人说起自己刚出道的一段往事。周润发说，那个时候为了在公司老板面前混个脸熟，自己每天都站在电梯间的出口，只要一看见老板从电梯间出来，就马上满脸笑容地迎上去说一句“你好！”就这样周润发迎来了事业的转机，受到了公司老板的关注。看到这里，胡立阳忽然心头一亮，觉得自己的升职机会也许就在电梯间。

为了计算出自己大概能够和老板待在电梯里多少秒钟，胡立阳掐着手表在电梯里上上下下好几个来回，最后的结果是38秒钟。胡立阳决定好好地抓住这38秒钟，可惜命运却像是和胡立阳开玩笑，一个月过去了，他还没有等来和老板同乘电梯的机会。

正在胡立阳要失去耐心的时候，机会却出现了。一个早上，胡立阳和老板一同走进了电梯间，电梯间的门刚一合上。胡立阳就掏出自己的名片，双手递给老板说：“很荣幸能有机会认识你，这是我的名片。”可是老板却连正眼也没有瞧他，冷冷地一摆手，拒绝了胡立阳的名片。

怎么办？胡立阳一瞧手中的表，只有18秒钟了，胡立阳忽然又有了新的主意，他用手拍了拍老板的肩膀，故作轻松地说：“你是新来的吧，难怪你不需要我的名片，你要知道我是被人称为‘华尔街神童’的胡立阳，你拥有了我的名片，你就等于拥有了财富，我很愿意帮助你拥有财富。”胡立阳这种自傲自狂的介绍气场强大，老板也不由得被他打动。于是老板接过胡立阳的名片，看了看说：“谢谢，我会记住找你的。”没过多久，胡立阳就升职了，而且成为了美国华尔街美林证券的第一位华人副总裁兼分公司总经理。

今天的胡立阳早已被人称为“台湾股市之父”、“亚洲股市传教士”，他向股民传授的股票投资学，成为股民的投资指南，但股民们更热衷于听胡立阳讲如何在18秒内通过自己的强大气场，抓住机会、改变人生的故事。因为一个能够在18秒钟抓住机会、改变命运的人，绝对是一个善于抓住机会，而且气场强大的能人！

学会展示自己,抓住适当的机会,好好地展示自己,这正是表现自己气场的最好机会。所以,要学会适时地展示自己,多增加在上司面前的曝光率,才能得到更多的机会。

很多员工都有这样的体会:自己的能力也很强,工作也非常地努力,可是自己的工资还是在原地"踏步";与自己同时进入公司的同事工作并没有你那么卖力,他的优势就只是在上司面前能够流利地描述每一个项目的始末,也正因为如此,他晋升了,成为了公司里公认的优秀员工,而自己似乎还是一名普普通通的小员工,心里非常的不舒服。说到底,就是自己忽视了在上司面前增加自己的曝光率,没有机会把自己的光芒展现给上司看,所以一些机会就被积极主动的同事给抢走了,你也就失去了晋升的良机。

美国著名出版家和作家曾在书中这样写道:"那些只知道为工作而工作的人是可悲的,他们的职业能力虽然也很强,可是他们几乎不懂得抓住每一个好的机遇。而且,最糟糕的是,他们本身并不知道错过了这些好机遇。"

可见,要抓住这些机遇,就一定要学会多找机会,尝试在不同的场合、不同的情况下"表现"自己,增加在上司面前的曝光度,争取更多的机会,让自己脱颖而出。

(1)充分利用公司的会议,让上司和其他同事注意你

一定要事先计划好你想说的和你要达到的目的,列出可能遇到的疑问和对策。开会时不要坐在会议室的角落里,要大声清晰地说出你的意见,善于用眼神进行交流。

(2)主动亮出你的成绩

许多男人做一点工作就大张旗鼓地让每一个人知道,你也不该默默无闻。同事可以为你开门,但在工作评估时,他们绝不想让你走在前面。

(3)不要期盼在工作中结交朋友

工作仅仅是完善自我的一部分。把交友这一项从工作目标中划掉。当然,如果能遇到知己是你额外的运气。

(4)坦然面对变化

培养良好的心理素质,从日常工作和生活中锻炼自己,好的机会和坏的事情也许就发生在五分钟以后。如果你平时就有所准备,你的镇静对

策会让老板和同事刮目相看。

(5)敢于冒险

经验是一位老师，教导你之前先给了你考试，但患得患失只能令你停滞不前。成功者多数是敢于把想法变成行动的人。

(6)明白自己的优势

如果项目中的主要或是关键人员不是向你汇报，而且你并未得到足够的授权，就不必自告奋勇地站出来。因此，一个人应该正确估计自己的实力，充分意识到自己的个人技能，就可以更加有的放矢地表现自己，从而使自己更明白可以骄傲地去完成哪些事情，提高恰当展示自己的自信心。当你有机会展示自己的时候，就会很好地把自己最好一面的展示出来，而不至于埋没了自己的能力。

聪明的职员是懂得在恰当的时机在上司面前表现一番，增加自己在上司面前的曝光率，让上司看到自己的出色，上司的赏识对你来说是最大的职业财富。

千万不要把自己淹没在写字楼里，你躲在被上司遗忘的角落里装隐士吗？要学会在上司面前曝曝光，这就是在提高你的职业底气，增加你的职业气场。把你自己装扮得比那些乏味的人和胆小的人看上去更加大气、更加光彩照人，更加神秘，然后出现在同事面前，像磁铁一样吸引各方的注意。

如果总是装“隐士”你怎么能找到机会“闪”一下呢？你不“闪”，有谁会在意你，你就等着做“苍老至死”的平庸员工吧。

要有多么浓郁的芳香才能从深巷里传入人们的鼻端呢？又有多少人能够静下心来寻找这芳香的源头呢？只怕最终也不过落得个“长在深巷无人识的结局”。千里马的气场是源自于它在骑士眼中急速奔跑所展示的能量，而你的职业气场和职业前途就在于你在上司面前曝光的多少。那你还等什么呢？找准机会赶快去“秀”吧！

6.

把工作做出成绩，让自己放出光芒

一个员工怎么能让自己成为众人永远的核心，那就是他要在自己的岗位上做出成绩。成绩是最好的自我推销品，有了好的成绩，你就能在行业里出彩，你就能得到上司、同事、下属或客户的由衷赞赏，你也就能为自己赢得更好的职业发展的平台。

谁的职业气场也不是一蹴而就的，所有的气场是在一次次成绩获取的过程中修炼出来的。你要想在行当内放出自己的光芒，首先就得有自己的职业气场，而你工作上的成绩就是职业气场的最佳催化剂。成绩越多，气场越强，这才是职业气场的规律。

出生在篮球世家的姚明，直到9岁才开始接受业余篮球训练。用姚明自己话是“从小家境不太好”，但凭借吃苦耐劳和勤奋执着，姚明很快走进众人视野。14岁进入上海青年队、17岁入选国家青年队、18岁披上战袍为中国征战世界。2001年亚洲篮球锦标赛，姚明场均13.4分，10.1个篮板，2.8次盖帽，其投篮命中率高达72.4%！中国队由此夺冠；2000年奥运，他平均每场10.5分和球队最高6个篮板，2.2次盖帽，他的63.9%命中率同样惊人。雅典奥运会上，中国男篮小组赛陷入绝境，他率队顽强击败塞黑闯进八强赛。

如果国家队成绩不足以说其优秀，2002年NBA历史上首位外籍状元、连续6年NBA全明星赛首发中锋也一样可以证明他令人惊叹的职业能力。

如果NBA赛场的一大堆数据，还不足以描述姚明的能力和业绩，那么，我们可以借鉴一下感动中国十大人物的颁奖词来说明。其中曾有一段这样描述：“他在一个强手如林的国家运动项目中占有了一席之地，成就了很多人的梦想，更成为中国人的骄傲。他出色的表现和随时听从祖国召唤的爱国精神，使他带给人们的思考已经远远超过了体育本身……”姚明感动国人的确实不仅是其运动成绩，还有他的善良、坚忍、爱心和忠诚。休斯敦球迷曾将他选作火箭历史上第二忠诚的球员（第一位是火箭传奇巨星奥拉朱旺）。

正是因球场内外的出色表现和长长的成绩单，姚明成为一代巨星，而且“名利双收”。美国《体育画报》2008 年的运动员收入榜上，姚明以 3176 万美元年收入高居第八位。《福布斯》评选的中国运动员收入榜，姚明更是连续几年高居榜首，姚明的收入就达 1.5 亿元人民币，遥遥领先亚洲“飞人”刘翔的 2300 万元人民币。姚明还和多家国际知名品牌签订了代言合同，他的广告赞助总收入超过 2000 万美元。

不论你做的是什么工作，最重要的是做出成绩来，这不仅是给领导看，更是给自己看，因为只有它才能证明自己的价值，才能让自己真正放出光芒。

王矜霖，5 年了跳了两次槽，每次跳槽后薪水都上涨了，而其职位也越来越高，从一开始的小组长跃升成为今天的副经理。

5 年前，他在一家工厂做喷漆工人，他很留心工厂里的一切，并且努力地尝试做一些工作上的创新，由于他的细致聪明很快就成为了一个五人小组的小团队组长。他开始了自己的管理之路，因为不熟悉管理，他还特意去上夜大，边工作边学习，他的管理越来越好，最后，他的团队一跃成为全厂子最有效益的团队。

3 年前，他跳槽去了一家电脑公司做管理人员，他平时对电脑就很有兴趣，这一次他还抓紧机会学了电脑维修，还学会了一整套的完整的电脑的操作，硬件和软件的维修他懂个大概。很快，他领着自己的下属为公司创造了更多的利润，成为了公司的主管。

一年前，他又跳槽了，这一次是和朋友出来共同开公司，朋友出大头的钱做老总，他就做上了经理。朋友本来就打算开一家公司，苦于找不到合适的管理人员，朋友看重了他优秀的工作成绩，就来说服他加入，最后他也就答应了。

王矜霖的两次跳槽都非常的成功，为什么他每一次的跳槽都会让他变得更加优秀呢？原因就是因为他在工作岗位上创造了吸引人的工作成绩，而这个就能吸引住下家公司。

“能”在物理学上的解释就是物质做功的能力，或做功的本领。把这个名词挪到职业发展上来，就是指出色的工作成绩，这个就是“能”。要把工作做出成绩来是非常重要的，一个员工在岗位上实实在在地干活，他一般是很少能干出一些大事的，所以他有的只是所谓的工作经验，却没有好的工作成绩。

所以说，你要想完成从一个普通员工到优秀员工的蜕变，就得先做出点工作成绩出来，让周围感受到你的职业气场的能量。

在NBA2004—2005赛季，曾诞生了神奇的“麦蒂时刻”。那是休斯敦火箭队对阵圣安东尼奥马刺队，比赛还剩最后的35.13秒，火箭队还落后马刺队10分。

火箭队的麦克格雷蒂先是运球到前场直接出手投中了一个3分球，接着麦蒂又投中了一个不可思议的3分球，并引诱马刺队的邓肯对他犯规，打4分成功。时间只剩16秒时，麦蒂接住难度极大的传球，再次三分命中，这时火箭队仅比马刺队落后2分。最后时刻，又是麦蒂在左侧三分线附近再次投出3分球，并再次命中。

在35.13秒时间里，火箭队和麦蒂完成了看似不可能完成的任务，神奇般地战胜了马刺，获得了一场伟大的胜利。

有谁会不喜欢这样的胜利，因为没有谁会不喜欢这种“连上帝都感动得落泪了”的神奇时刻，又有谁不被这样一位神一样的球员所折服呢？这样的成绩，怎么能不令人欢呼、震惊、痴迷！这样的麦蒂，怎么能不令粉丝疯狂！这样的能力，又怎么能不散

发出他强大的气场！麦蒂成为场上当之无愧的焦点，成为场上的英雄！

用业绩说话，是员工对自己最好的表白。只有好的业绩才能够得到上司与企业的认可，只有好的业绩才能够证明自己的真才实学。如果你仅仅忠诚，总无业绩可言，注定一辈子也不会有什么起色，老板想重用你也会犹豫，因为他不放心。更进一步讲，受利润的驱使，再有耐心的老板，也很难容忍一个长期无业绩的员工。届时，即使你忠贞不贰、永不变心，老板也会变心，甘愿舍弃有忠诚无业绩的你，留下忠诚且业绩突出的员工。

所以，要想让自己气场强大，就一定要做出非凡的业绩。只有业绩最能证明自己的能力，只有业绩最能让自己展示气场，只有业绩，能让自己放出光芒！

第十一章

勇做第一，你的气场无人能及

有争才会有得，不争就只能将一切拱手让人，这就是职场的生存哲学。优秀员工都是在竞争中脱颖而出的。你就得学会争第一，以赢家姿态在岗位上工作，你才能成为别人惊叹的王者。敢于竞争，你的潜能才会被无限开发，你才能具备强大精神力量，炼造出惊人的职业气场。

1.

有王者的心态，把自己当成中心

所谓王者心态，就是当仁不让、舍我其谁的心态，就是八荒六合、唯我独尊的心态，就是天下一统、万民归一的心态，就是我就是世界、我就是中心、我就是一切的心态，就是“俱往矣，数风流人物，还看今朝”的心态！这样的心态，似乎只会造就一个睥睨天下、傲然世间的狂人，但恰恰是这种狂、这种傲、这种不可一世的霸气，才能让我们当仁不让地把自己作为中心，让一切围绕着我们，散发出强大的气场，成为无可争议的行业领袖！

小品演员赵本山，把乡间的笑声带上了受国人瞩目的中央电视台春节晚会，使辽北小品这一带着原生态的幽默诙谐和泥土芳香的艺术样式，跻身于中国最高艺术殿堂，并迅速博得全国电视观众的满堂喝彩。赵本山也成为中国小品界当之无愧的“小品王”。这主要缘于赵本山的王者心态——自己就是小品之王。

赵本山塑造的“蔫哏”系列，是他艺术作品里最耀眼的一道风景，他软软、拖拖沓沓，话头里带滑稽，善良里有狡黠，不时甩个疙瘩口，甩个小包袱，冷不丁冒出一句让人忍俊不禁的话。小品《相亲》里，当马丫问什么叫“傻样”时，徐老蔫答：“这还不懂，搞过对象的人都知道，一般情况下，说出‘傻样’这个词，那就百分之八十了！”还有“幸福”是什么？就是“遭罪”。徐老蔫对马丫的一系列揶揄调侃，善意的捉弄，是爱到极致时的一种逆向表现，巧妙地烘托出老蔫对马丫的一往情深。

二十几年来，赵本山和他的小品是春节晚会上的保留节目，稳坐小品的头把交椅，有“小品王”之称。许多人毫不掩饰地说：“看春晚就是为了看赵本山！”春晚的导演也坦承：“把赵本山的小品导好了，晚会就已成功一半。”可见，赵本山和他的小品有多么大的吸引力和魅力，气场是多么强大。

还有一位更具有王者心态，当仁不让地把自己的当成中心的人物，也有一种强大的气场，这就是台湾作家李敖。李敖的狂言傲语不胜枚举。比如他说：“我生平有两大遗憾：一是，我无法找到像李敖这样精彩的人做我的朋友；二是，我无法坐在台下听李敖精彩的演说。”比如他说：“当我要找我崇拜的人的时候，我就照镜子。”再比如他说：“五十年来和五百年内，中国人写白话文的前三名是李敖、李敖、李敖……”其狂狷傲行，当世无人比肩。但这样的耿介狂狷，并没有降低他的名气，减损他的形象，削弱他的气场，反而使他名气越来越大，气场越来越强。

职业人员要想成为气场强大的员工，就必须具备一定的王者心态，这心态是可以敦促自己成为优秀员工的。

作为普通的员工，我们怎么样去做才能锻炼出职业的王者心态呢？真正的王者，总是觉着自己就是世界的主宰，所以，我们要学会把自己当成职场的中心，无限放大自己的信心和能力，这就能保证我们在职场上成就王者心态，还能让我们锻炼出强大的职业气场，决胜于竞争强大的职场中。

有王者的心态，就能勇敢地成为自己工作的主宰，掌控我们的工作，主导我们的工作，把工作做到最好，也让自己成为工作的主人。

一些普通的员工为什么没有王者的心态，说到底还是对自己的职业能力有很大的怀疑，他们不相信自己的能力，总是愿意将别人当作中心，跟在别人的屁股后面做事，这样又怎么可能有吸引人的职业气场呢？

俗话说：“不疯魔不成佛。”要想在你的职业里成为“大佛”，你就得先具备王者的心态，这种心态也许是疯魔的，但是它的确能帮助你锻造出强大的影响力。王者的心态能让你坚信自己的职业能力，让你勇于去为自己创造最佳的工作条件，你也就不会再习惯以别人为中心去工作了，你会以自己为中心来创造出更强的工作业绩，同时你也修炼出了强大的职业气场。

2. 有赢家的姿态，要坐就坐第一排

气场强大的人，永远不服输，永远不认输，甚至永远都不会去预想输的状况。在他们的心里，自己永远是赢家，永远是胜利者的姿态，永远不会被打倒！

《飘》里面的赫思嘉，就永远以一副胜利者的姿态在生活。当她累得不行的时候，还是没有放弃希望。在到处找食物的时候，她对自己说，以后再也不要挨饿了，哪怕让她去抢，去杀人，也不要饿肚子。当她知道那个人要偷走属于她们的、能让她们生活下去的东西后，她果断地朝他开了一枪。她再也不计较什么体面，什么淑女形象，她要活下去，要守住庄园，不怕吃任何的苦，和黑人一样在地里劳作，她想，现在的苦是可以熬过去的，只要有了棉花，只要有了钱，就又可以过奢侈的生活，可以吃到许多的美味，可以天天跳舞和男人调情。

书中其他人的软弱和无知，把她衬托得那么勇敢和伟大，精明而有远见。虽然她只是一个娇弱的淑女，但是她却永远以胜利者的姿态，从来不曾被任何事、任何人打败过。因而，她是书里面气场最强的人。

在知道别人打庄园的主意以后，她又想到了那个投机分子瑞德，想要嫁给他来挽救庄园，这又是她自私而伟大的作风，她可以不顾一切，去争取自己想要的东西。她的决心与魄力实在让人兴奋和感动。每一次都可以是新的开始，哪怕是个寡妇，哪怕一切都被战争所破坏，哪怕一无所有，哪怕终于明白不再爱卫希礼，但是她要生活下去，失去了任何精神支柱都有活下去而且活得快乐的念头，她在一瞬间就可以站起来，可以重新面对生活，可以重新找到出口。这样的人，当然是气场最强大的人。

气场强大的人从来都不会被打败，因为他们永远有胜利者的姿态。只要他们心里不败，就永远不会败，也没有什么可以摧毁自己。从来不当弱者，心里的决心和信念可以让他们永远微笑，永远有胜利者姿态，永不低头，永不服输。

对于普通员工来说，保持赢家的姿态，永不服输，永远进取，对于修炼我们的气场、收获我们的成功，都至关重要。

要想了解什么是赢家姿态，就得明白什么是普通员工的姿态。最普通员工的职业姿态通常就是按点上班按点下班，偶尔加加班，工作能动性有但不是很强，从来都是以一个弱者的身份来看待自己的职业处境，只求保全自己，从来没有想过用自己的力量来改变什么，更没想过做一些能在行业里惊天地泣鬼神的事情来。

王禀在上海一家的企业里工作，他负责做企业的内部刊物，由于刊物的主要作用就是宣传一些先进员工，强调企业的文化，他的工作也很清闲。这个企业是上海非常有名的一家企业，其员工的平均工资绝对算是同类型企业当中最高的，但是，由于王禀的这份工作算是企业的一个不重要的编辑工作，所以他并没有很高的工资。反观他的同学，同样从名校的文学专业毕业，别人都已经成为了著名刊物的大编辑了，月薪比他要高出好几倍。王禀总认为是该企业阻碍了他的职业发展，但是他又不愿离开换一份工作，因为这份工作没什么大的压力，而且薪水也还是可观的。

王禀在工作的时候也没有什么激情，这个刊物也只有两个人负责编写，一个是50多岁的大叔，再过几年就要退休了，另一个就是他。王禀也是一个有创新能力的人，他总是在各个杂志报社投一些自己想写的稿子，也被刊登了不少，就是在工作上，他总觉着是企业不重视这个刊物，所以他总是糊弄了事，企业也不对这个刊物做过高要求。

然而，国人越来越重视文化软实力，很多企业也开始重视起文化的建设了，而王票所在的企业本来就在行业内很有名气，这一次它自然想做做表率。企业领导让王票要用心去编写企业的刊物，王票还是认为这只不过是领导惯用的激励手段。他还是马马虎虎地编辑着企业的刊物。结果，企业领导大怒，让王票重新再编写一刊，王票虽然对刊物的内容有自己的想法，他认为这个内容需要大换血，可是他习惯了以弱者的姿态来面对企业领导，这一次也是一样，他认为领导不会在意他的话，他就继续这样去编写刊物。

当然，领导看完之后依旧很不满意，说他工作没创意，没什么工作能力，总之找了一大堆理由就辞退了王票。王票愣住了，当初他刚进这个企业编写刊物的时候，就想过要对内容进行创新，可是被他唯一的一位大叔同事否定了，说企业的刊物不需要创新，他们的工作地位是弱势的，王票也就信了。最后，王票失去了起码的职业激情，工作上也渐渐习惯了敷衍了事，即便这一次他也有自己的想法，但他还是以弱者姿态来面对领导，所以他吞下了“恶果”。

处在公司内部最普通的工作岗位并不代表你就要有一副弱者的心理。真正气场强大的员工，他们不管身处什么样的环境，站在什么样的岗位上，都绝不会萎靡，不会颓废，而是永远保持进取的心，赢家的姿态。

没有平凡的工作，只有平庸的职员。微软公司总裁盖茨就曾说过：“工作本身没有贵贱之分，对于工作的态度却有高低之别。”如果一个职员能够以赢家姿态来做好自己的本职工作，那么，他的前途一定是不可限量的。

一个员工，无论在什么样的岗位上，做什么样的事情，都要以赢家的姿态来对待自己的工作，这样你就具备了与众不同的职业气场，这股气场也会越来越强，最终你就能够迈上职业的高峰。如果你能够做好每一份平凡的工作，培养自己爱岗敬业的精神，你必定能够登上自己事业的巅峰。

3．敢于竞争，不惧怕任何困难

竞争是职场的常态，敢于竞争，乐于竞争的人，才能傲立于职场，保持自己的强大气场。不论什么方式的竞争，也不论竞争的对象是谁，竞争中会有多少困难，都应该学会在竞争中提升个人的职业能力，这样你才能在行业里修炼出强大的职业气场。所以，敢于竞争，就是修炼自己的职业气场。

汤姆·莫纳汉是美国著名的多米诺（DOMINO）比萨店的老板，是最具有传奇色彩的创业者之一。他依据简单而有效率的制度，创立了世界上最大的比萨饼外卖公司。他拒绝出售三明治或任何其他产品，以防止店铺的经理分心，保证实现用最快时间送出最美味比萨饼的主要目标。这种策略终于成功了，他成了美国的大富豪，成为一名世界级的企业家。

汤姆·莫纳汉在1986年出版的自传《比萨虎》一书中说："我决心获胜，决心使我们公司的业绩更上一层楼并击败了竞争对手。"

1989年，莫纳汉曾打算出售多米诺比萨饼公司，退休从事慈善事业并过悠闲的生活。当无人愿意购买他的公司，他不得不重新埋头于经营企业时，他声称"已重新参加比萨饼大战"。

汤姆·莫纳汉喜欢竞争，但必须是公平的竞争。他说："生活和工作的真正要旨是参与超越他人的长期战斗……可在我看来，除非你严格地按照规则行事，否则，即使在企业经营上获得成就也毫无意义。”

莫纳汉克服了许多困难，作为30分钟送货上门的比萨饼之王，他在事业上获得了巨大的成功。他有失败的一切理由，却作为超一流的企业家获得了超过预期的成就。莫纳汉拥有多米诺比萨饼公司97%的股份，该公司以每天送50万个比萨饼而成为当今世界上最大的外卖比萨饼连锁公司。

莫纳汉的这种敢于挑战的竞争意识，是他取得成功的关键。无论是优秀的政治家，还是成功的企业家，这种竞争的意识和敢于竞争、不怕挑战的精神都是普遍存在的。无论是在企业经营方面还是在个人生活上，汤姆·莫纳汉都遭受过无数次的灾难，但他总是不断地从失败中奋起，每一次又都能更上一层楼，这正是因为他的竞争意识。在不断的竞争和挑战中，他的成绩越来越多，他也被越来越多的人作为自己的人生榜样，他的魅力与日俱增，气场当然也在不断增强。

那些成就巨大的企业家或是成功者，无一不具有强烈的竞争意识。比尔·盖茨具有赛车手的竞争心理，新闻电视网之父特纳是“一个百折不挠的竞争者”，索尼公司的创始人盛田昭夫说：“尽管竞争有一些较为黑暗的东西，但在我看来，它是工业和工业技术发展的关键。”正是这种敢于竞争的精神促进了他们不断地向着更高的山峰攀登。

竞争是社会和自然界的普遍法则，优胜劣汰是普遍的规律。自然需要竞争，社会也需要竞争。今天的社会就是充满激烈竞争的社会。企业要竞争市场，公务员要竞争晋升，工人、教师、医生要竞争就业和上岗等等。在自然界，在职场，在人生旅途，竞争无处不在，竞争不可避免。职场也是一样，需要竞争，而且竞争能带来活力，让员工更有创造力，竞争是职场的常态。一入职场，便不可选择地要面对竞争。竞争的法则和结果是优胜劣汰。虽然现代的竞争已不像古代战争那样要斗个你死我活，但失败者还是要被淘汰出局的。

有个人在高山悬崖的鹰巢中看到一只幼鹰，他把幼鹰带回家，养在鸡笼中。这只幼鹰和鸡一起啄食、嬉闹和休息。它以为自己是一只鸡。这只鹰渐渐长大，羽翼已丰，主人想把它训练成猎鹰，可是由于终日与鸡混在一起，也不用自己找食物，它根本没有飞的愿望，也从来没想过要飞，更没有训练过飞的能力。主人试了很多办法，毫无效果，最后只好把它又带回到它的出生地，希望它的父母能教它学会飞。

父母有了新的小鹰，虽然很小，但却比它强多了，这只可怜的大鹰只好每天混在小鹰群里，向它们学飞，它却心灰意懒，因为要和小鹰争食，可它却没有任何能力能抢到食物，最终只能饿死了。

适者生存，能者为王。没有能力，害怕竞争，任何人也帮不了你。在职场，更是如此。害怕竞争，不适应竞争，没有能力竞争，就只能出局。能竞争才能制胜于职场，竞争给我们以压力，又给我们以动力，它促使我们在工作中不断努力奋斗、积极进取，不断地在各个方面增强实力，以求得发展和胜利。因此，敢于竞争的态度和意识可以说是我们在职场取胜的最佳工具，是我们笑傲职场的法宝。

哲学家格拉斯说过这样的一句话："竞争是客观存在的，有竞争就一定会有困难，而那些气场强大的人是不惧怕竞争的，因为他们总是能够在竞争中获得自己急需的东西，相反，他们还乐于去和别人竞争。"

的确，职业员工若是没有胆量去和别人竞争，一遇到困难就退缩，他们又怎么能成为气场强大的优秀员工呢？

1914 年 12 月的一天深夜，爱迪生的工厂被一场大火严重毁坏，他损失了约 100 万美元的制造设备和绝大部分难以用金钱来计算的试验记录。第二天早晨，他在埋葬着他多年劳动成果的灰烬旁散步。多年的心血就这样毁于一旦，无论是谁都会痛心不已的，而且这时的爱迪生，已经是 67 岁的高龄了，他能承受得了这样的打击吗？然而爱迪生并没有被这一切所打倒，反而安慰自己伤心至极的妻子说："虽然我现在已经 67 岁了，但是我觉得我还很年轻。灾难有灾难的价值，我们的错误全部被烧掉了,现在可以重新开始了。”受到这次火灾的启示,爱迪生又发明了一种帮助消防队员在黑暗中前进的便携式探照灯。

爱迪生曾经为了找到最合适的白炽灯灯丝,先后尝试了1200种不同的材料,都没有成功。别人劝他放弃:“你已经失败了1200次了。”可是爱迪生却不这么认为,他充满自信地说:“我只是发现了1200种材料不适合做灯丝而已。”他并没有放弃实验,而是继续努力,最终找到最适宜的灯丝,获得了成功。

爱迪生一生中共完成2000多项发明,给人类带来了无数的福利,成为历史上伟大的发明家。他一生孜孜不倦地追求着自己的梦想,不断有新的发明诞生,即使在83岁高龄时,他还成功地从野草中提炼出橡胶。

爱迪生的成就令世人钦佩,但更让人佩服的是他面对挫折的勇气。人生旅途中难免会有困难、坎坷抑或是沉重的打击。面对这些,你可以伤心,你可以悔恨,但重要的是不能放弃,不能丧失面对它、战胜它的勇气!

虽然屡遭挫折,却能够坚强地挺住,并努力寻找解决问题的办法,这就是成功的秘密。对于逆境和困难,我们应该对其心存感激而不是抱怨,不经历风雨,怎能见彩虹,多一次逆境,就多一分成熟:多一次绝境,就多一次机遇。巴尔扎克说:“困难,是天才的晋身之阶;信徒的洗礼之水;能人的无价之宝;弱者的无底之渊。”

对成功者来说,困难仅仅是一段距离、一个门槛和一次洗礼,同样也是一次转折、一次醒悟和一次升华。勇敢地去面对困难,一定能找到合适的方法去解决困难,这才是成功之道。做人要有面对逆境的勇气,更要有战胜困难的信念。坚强者的心中永远会有这样一个信念:只要精神不滑坡,方法总比问题多。前途是光明的,道路是曲折的。努力地为成功寻找方法,面对竞争、面对困难和逆境的最好方法就是:战胜它,战胜它,战胜它!

只有具备这种敢于面对任何竞争、不怕直面任何困难的精神,才能使我们在成功的路上畅通无阻。如果我们把困难和挫折,都当成成功必经的路途,当成锻炼意志和提升气场的一种方式,那么,还有什么困难会难住我们,什么挫折能阻拦我们,什么竞争会淘汰我们呢?我们必然会成为职场上气场最强大、意志最坚强、成就最辉煌的人!

4. 引爆潜能,激活你的潜在气场

每个职业人士的生命中都蕴藏着巨大的能量,它就潜伏在每个人的气场里面,引爆自己的潜能,就等于激活了自己的潜在气场。很多员工之所以与优秀员工有一段距离,就是因为他们没有引爆自己的潜能,运用不了自己身体里那股潜在的职业力量,然而更多的时候是他们根本没有意识到自己身体里隐含着那股强大的职业力量。

英国学者布朗这样说道:“普通人只发展了他蕴藏能力的 1/10。与应当取得的成就相比较,我们不过是在沉睡。我们只利用了身心资源的很小的一部分,甚至可以说一直在荒废。”

既然一个员工身体里还存在那么强大的潜能,为什么不自己想办法将这股潜能引爆呢?心底的潜能一旦引爆出来,必然会给自己带来无穷的信心能量,锻造强大的职业气场。

19 世纪时,有一个美国人相貌极其丑陋。每个人见过他后,都会对他的容貌留下深刻印象。而他自己也是从不修边幅,似乎总是一副邋遢的样子:窄窄的黑裤子,伞套似的上衣,加上高顶窄边的大礼帽,仿佛要故意衬托出他那瘦长条似的个子,走路姿势难看,双手晃来荡去。并且,他的出身极其贫贱,母亲是私生女,令他的身世蒙羞。

可以说,当时的他几乎一身都是毛病,无论在法院、讲坛、国会、农庄,甚至于他自己家里,他处处都显得不得其所。甚至,在他 20 岁以前,连地球是圆的这种基本知识都不知道。后来,他想多学点文化，于是就在烛光、灯光和火光前读书，读得眼球在眼眶里越陷越深。眼看学海无涯，而自己所知有限，他更是无比沮丧，找不到未来的方向。

后来，这个人参加了议员竞选，而他在自己的教育项下填的竟是“有缺点”。

少年时期的他是如此，20—50 岁的他，依旧是倒霉到了极点：22 岁时，与人合伙做生意，三年后同伴死去，留下他一人偿还巨额债务；26 岁时恋爱了，但爱人心绞痛去世；28 岁时，向另一位女子求婚遭到拒绝；37 岁时，第三次参选才选上国会议员；39 岁时，参选国会议员失败；1849 年，40 岁时，他想在自己州内担任土地局长，遭到拒绝；41 岁时，他失去自己四岁的爱子；45 岁时，竞选参议员失败；47 岁时，竞选副总统失败；49 岁时，竞选参议员失败。

然而，令所有人没想到的是，51 岁时他一飞冲天，成为了美国总统。他，就是——亚伯拉罕·林肯。

看看林肯的一生我们就可以发现，在这个世界上，曾经他的身份很低，然而，没几个人能比他获得的成就更高。正是在一次又一次的失败中昂然站起，不断地激发自己内在的潜能，不断地完善自己，提升自己，才终于获得了最终的成功！

人人都有当伟人的潜质，关键就看自己是否有那份打不垮、压不碎的意志力。海明威在《战地春梦》这本有关第一次世界大战的小说中写道：“世界击倒每一个人，之后，许多人在心碎之处坚强起来。”在遇到挫折打击时能够爬起来前行，在面对重压时依旧傲然挺立，不放弃自己的理想，坚定自己的方向，这就是一个人之所以成功的秘诀。

人的潜能是无限的，不过是需要外在或内在的动力去激发。创造学大师路易斯说：“多数有创造力的人，其实都是在期限的逼迫下从事工作的。决定了期限，就会产生对失败的恐惧感，因此，工作时加上情感的力量，会使得工作更加完美。”科学家贝易立夫说：“人们最出色的工作往往是在压力中做出的，思想上的压力甚至肉体上的痛苦，都可能成为精神上的兴奋剂。很多作家、画家平时灵感难寻，只有在交稿时间迫近造成的压力下,大脑里才容易闪现出灵感。”可见,适当的压力正是激发我们身体内部潜能的开关。有压力就有动力,就能把体内的潜能引爆,取得有时连我们自己都难以置信的成绩。而一旦没有了压力,我们就会失去人生的方向,失去生活的意义,甚至失去生存的勇气。

在一次追捕行动中,有一位年轻的警察被歹徒用冲锋枪射中左眼和右腿膝盖。3个月后,当他从医院里出来时,完全变了样:一个曾经高大魁梧、双目炯炯有神的英俊小伙子,成为一个又跛又瞎的残疾人。

鉴于他的功绩,纽约市政府和其他一些社会组织授予他许多勋章和锦旗。一位记者采访他,问道:“你以后将如何面对所遭受到的厄运呢?”这位警察说:“我只知道歹徒现在还没有被抓获,我要亲手抓住他!”从那以后,他不顾别人的劝阻,参与了抓捕那个歹徒的行动。他几乎跑遍了整个美国,甚至有一次为了一个微不足道的线索,独自一人乘飞机去了欧洲。

许多年后,那个歹徒终于被抓获了,那个年轻的警察在抓捕中起了非常关键的作用。在庆功会上,他再次成为英雄,许多媒体报道了他的事迹,称赞他是最勇敢、最坚强的人。然而,令人意想不到的是,这之后不久,他却在卧室里割腕自杀了。在他的遗书中,人们读到了关于他自杀的原因:“这些年来,让我活下来的信念就是抓住凶手……现在,伤害我的凶手被判刑了,我的仇恨被化解了,生存的信念也随之消失了。面对自己的伤残,我从来没有这样绝望过……”

压力是一支强心剂,不断地激发着我们内在的潜能,促使我们驾着生命的车轮,不断地快节奏地向前滚动,伴着我们在人生之书上写下辉煌的篇章。没有压力,人就失去了振作的机会,失去了前进的方向,也失去了驾驶人生战车的信心,我们的人生再也没有了勃勃的生机。

常言说,水无压力上不来,人无压力轻飘飘。没有压力,我们就没有上进心,没有紧迫感,就松松垮垮,就慵慵懒懒,就马马虎虎,就粗心大意,这样的态度,又如何可以做好工作?如何能使我们具备强大的气场?只有适度的压力，才能让我们干劲十足，精神焕发，勤奋努力，永不退缩，最终让普通的石头变成了闪闪发光的金刚石，使原本平淡无奇的人变成了令人瞩目的奇才！

传说宋徽宗是一位喜欢书画并且有很深造诣的皇帝，他有一天问随从："何人画驴最好？"随从回答不出来，退下后急寻画驴出名者姓甚名谁，焦急中得知一名叫朱子明的画家有"驴画家"之称，即召朱子明进宫画驴。

朱子明得知被召进宫是为皇上画驴时，吓出一身冷汗，原来他根本不会画驴，他本是画山水的画家，因为有同行戏弄而给他起了个"驴画家"的绰号，并非擅长画驴才得的"驴画家"。但皇上之命不可违，情急之下的朱子明苦练画驴技术，先后画了数百幅有关驴的画，最后竟阴错阳差地得皇上赏识，真正成了天下第一画驴之人。

可见一旦把压力变成动力，人的潜能将会得到极大的发挥，由普通变得优秀直至卓越。人们常说，人无压力无作为。实践证明，有动力则有作为，无动力则无作为。因为没有压力就没有动力，就会让我们慵懒、消极，对任何事情都提不起兴趣。但一旦感受到压力时，内心的潜能和昂扬的激情都会喷薄而出，促使我们做出可喜的成绩来。

英国哲学家贝弗里奇说："人们最出色的工作往往在处于逆境的情况下做出。思想上的压力，甚至肉体上的痛苦都可能成为精神上的兴奋剂。"只要你想在工作上出人头地，就一定会感受到压力。管理上的研究发现，适当的压力状态，能激发出工作者的潜能，造就最佳的工作表现。想想看，如果我们在学生时代没有考试的话，学习会如此扎实吗？所以压力不仅刺激我们的上进心，还会极大地激发我们的潜能，使我们超常发挥，甚至创造出惊人的奇迹。

一天，拿破仑骑着马正在穿越一片树林，忽然，他听到一阵呼救声。于是他扬鞭策马，来到湖边。看见一个士兵一边在湖里拼命挣扎，一边却向深水里漂去。岸边的几个士兵慌作一团，因为水性都不好,眼看着这位士兵有溺水的可能,却都不知道该怎么办。

拿破仑问旁边的那几个士兵:“他会游泳吗?”

“只能扑腾几下!”

拿破仑立刻从侍卫手中拿过一支枪,朝落水的士兵大喊:“赶紧给我游回来,不然我就毙了你!”说完,朝那人的前方开了两枪。

落水的士兵听出是拿破仑的声音,又听说拿破仑要枪毙他,便使出浑身的力气,猛地转身,扑通扑通地游了回来。

拿破仑对那位落水的士兵说“毙了你”,让他陷入绝境,不得不使出全部力量和智能,自救成功。要是没有这样的压力,也许这位士兵已经溺死湖中了。

潜能人人都有,关键是要善于把自己的潜能激发出来,激活自己的潜在气场,释放自己被束缚或是被隐藏的魅力,你也会成为优秀的员工,甚至伟大的人。

5. 勇做第一,你的职业气场就无人能及

不管在任何地方,我们都能轻易地发现,那些圈子里的中心人物,坐在第一排的人物,敢做第一名的人物,光环最多的人物,风头最劲的人物……总是最引人瞩目、最受人关注、最具风度和魅力、气场最强大的人物!

邓亚萍就是这样一个敢做第一、气场强大的人。邓亚萍从小就有一个成为奥运冠军的梦想。但小时候因为个子很矮，被省乒乓球队以“个子太矮，没有发展前途”为由退回，这让邓亚萍深受打击，但她没有认输，而是谨记爸爸的话：“先天不足后天补，只要有特长和扎实的基本功，何愁不会脱颖而出！”她开始了刻苦训练。

当时，郑州市乒乓球队的条件十分艰苦，连一个固定的训练场地都没有。邓亚萍和她的队友们一开始在一间暂时不用的澡堂里练球，后来又转移到一个小学的礼堂，最后才搬到市体育场靶场二楼的训练房。夏天，训练房里的温度非常高，可队员们在里面一待就是一整天，挥汗如雨，衣服都湿透了。冬天，室内十分寒冷，队员们的双手常常肿得像面包，甚至开裂。

无论训练多么严格、条件多么艰苦，全队年纪最小、个头最矮的邓亚萍却凭着自己心中那一团火热的激情、凭借自己坚定的信念都咬牙坚持了下来，甚至比别人做得更出色。她相信只要自己努力，一定可以成为自己想要的那个第一名。训练房离邓亚萍的家不远，但她从不擅自回家，她那不服输的拼劲，只想做第一名的执着，让很多比她大的队员都自叹不如。正是在这里，邓亚萍练出了“快、怪、狠”的战术，那就是正手球快、反手球怪、攻球狠，这成了她以后打球最突出的风格。

功夫不负有心人。1986 年，在全国“乒乓协杯”比赛上，邓亚萍战胜了当时的世界冠军戴丽丽，实现了自己只做第一名的梦想，一战成名！河南省乒乓球队最终向邓亚萍敞开了大门。

1988 年，15 岁的邓亚萍夺得了第六届亚洲杯乒乓球比赛的女子单打冠军。进入国家队后，邓亚萍依然保持着勤奋、刻苦的精神，依然充满着无限的激情。

一次次的南征北战，邓亚萍捧回了一枚枚金牌，并一次次地把目光投向更远的目标。在 1992 年巴塞罗那奥运会和 1996 年的亚特兰大奥运会上，邓亚萍蝉联了乒乓球女子单打、双打的冠军。全世界的人民都记住了那个眼神凌厉、球技精湛、浑身上下无不透露出一种王者风范的邓亚萍！

邓亚萍说：“一个人的梦想越高，他的才能就发展得越快。

我就想着做第一名。但我也深深懂得，要拿到第一名并非易事，要在比赛时打败对手，必须从一板一球做起。只有脚踏实地，抓牢今天，才能把握明天。”

王者的心态，旺盛的斗志，燃烧的激情，远大的梦想，加上超人的付出，永不服输的精神，成就的，是邓亚萍运动生涯的巅峰。

不想当将军的士兵不是好士兵，不想做第一就永远也得不到第一。成功永远只属于第一名，鲜花与掌声也永远只会眷恋第一名，因此，如果想要成功就只能是第一名，第一名的气场最强，第一名的鲜花最多。不想做第一名，不勇敢地向前冲，你就会被远远地抛在后面。

一位非常年轻的摩托车手赛完车后，回来跟父亲说自己的比赛结果，他的样子显然很兴奋。他对父亲说道：“爸爸，今天有40 辆车子参加比赛，我居然还得了第二名。”

父亲很冷淡地回答他：“这是一件值得高兴的事情吗，你已经输了。”

他有些不解地说：“父亲，你难道不认为第二名也是很难得的吗？这与第一名没有多少差别啊，你真的认为非要第一才是真正的赢家吗？”

父亲很严厉地回应：“第二名的确也很优秀，但是你似乎已经失去了前进的斗志，在你的心目中似乎觉着第二就很了不起了，你得知道第二还是落后的，落后谁不会，3 岁小孩最会的就是落后别人。你要做的就是勇做第一，有这一份强大的企图心才会鞭策你一直向前走。”

这句话深深刻进了年轻车手的脑子里。在接下来的职业生涯中，他几乎是称霸整个赛车界，成为赛车行业内赢得金牌最多的职业人员，他就是理查·派迪。很多人惊叹他在赛车时表现出来的那一份强悍的气场，很多车手光是看他的气场就败下阵来了。他只是记住父亲的那句话：永做第一，要让自己永远是向前走的。

洛克菲勒在很多普通职业员工眼里绝对算是一位有气场的人,他就曾说:“对我来说,第二名跟最后一名没有什么两样,我要做的就是永争第一。”亨利·福特也说过:“没有野心的人不会成就大事。”他的经历就是对这句话最好的诠释:

他本来是一个农场主的儿子,最初只是一个汽车制造厂的工人,却因为有着“不屈居于人下被别人利用而过一生,想自己开一家制造汽车的工厂”的“野心”,最终于1902年11月,创建了自己的公司——福特汽车公司,成为家喻户晓的亿万富翁,并被美国人称为“一个新时代的缔造者”。

人活着就得有目标和野心,否则,他就像一艘没有舵的船,永远漂流不定,只会到达失望、失败与丧气的海滩。而那些目标远大、时刻想着做第一名的人,总会得到命运的特别青睐。

2012年岁末,全中国的笑点都被一部小制作的电影《人再囧途之泰囧》点燃,全国各地、网上网下迅速掀起一股强大的《泰囧》热,该片不但成为2012年亚洲最卖座电影,票房高达9.93亿元人民币;截至2013年2月中,累积票房已冲破12.6亿元人民币,是在中国电影史商业上最成功的制作,成为当之无愧的第一名。而其投资商“光线传媒”也成为人人羡慕、举世瞩目的焦点。

然而,这样的幸运却并非从天而降,而是一步一步走出来的,更是因为光线传媒的创始人王长田经过一次又一次“要做第一”的意念“折腾”出来的。

现在的光线传媒,在影视娱乐圈内名气响亮。“娱乐现场”、“音乐风云榜”,这些在国内数一数二的节目,都是由该品牌创立的。可当初的创业,也一样磕磕碰碰,挫折不断。

王长田毕业于复旦大学新闻学院。一开始,他是中央电视台的工作人员,这份工作可谓非常让人羡慕。可是,没过多久,他就放着中央机关的班不上,偏要去自己钟情的《中华工商时报》工作，因为他不想总是受人指挥，不想总屈居人后，他想做第一名；之后，同样是抱着“做第一”的信念，放着大记者的潇洒活不干，偏要在“经商热”“下海潮”的影响下去“练摊”；后来得知《人民日报》要办一档新的栏目时，他抓住机会办“北京特快”，形成自己的新锐风格；当“北京特快”已经风靡全城，他却“一山望着一山高”，加入中央电视台改版“经济半小时”，角逐央视大舞台；离开北京电视台以后，正式创办北京光线电视策划研究中心，制作“娱乐现场”，成为中国民营传媒领域的先锋和领袖。之后，又成立光线传媒影视公司，致力于把自己打造成为中国最大的传媒公司、最大的节目制作和发行商、中国第一的原创电影品牌。

正是因为这种只想做第一的精神，成就了光线传媒的眼光和魄力，也成就了《泰囧》的一段传奇。

其实每个人都想做第一，每个人也都有过做第一的历史，每个人的一生原本就是从做第一开始的。我们只有发挥这种“做第一”的优势，保持这种“做第一”的心态，在自己的工作和岗位上，倾尽所能、竭尽全力，就能为自己赢得第一，让你的气场无人能及！

附　录

气场测试

测试1:你身上的职业气场足够强势吗

1. 很长时间没有去游泳了,今天正巧有朋友喊你一起去游泳,你会选择什么地方?

A. 大海

B. 山谷的小溪

C. 小河里

D. 游泳池

测试结果:

选A:你对职业未来的渴望是绝大的,你也会因你的渴望而变得气场强盛,你还会以最强烈的斗志来提升自己的职业魅力,但是你有时候也会因为欲望太过强烈,而让自己成为工作的附属品。但是整体来说,你的职业气场会强过很多人。

选B:你容易在工作时会给人传递出说得好但做不好的气场。你对工作企划有一套,目光远大,能安排好一个月以后的行程,只可惜你仅有思想,但很不愿意去行动,你的职业能力不会很强,你的职业气场也不算强大,但是也能让一些人心甘情愿地追随于你。

选C:你的职业气场很不稳定,身边的人是既想接近你又想远离你。你在工作时会散发出非常狂热的气场,就像追求坐船时乘风破浪的快感一样,你是一股劲儿地拼命,只能听指令行事。

选D:你的职业气场有些弱,你在岗位上缺少自信。你只习惯守着熟悉的区域去奋斗,你不懂得推销自己,头脑迟钝。不过,你在职场上会很安全,你会有一个安定的职业前程。

2. 假设天使要把你变成一个自然之物,只有以下四种供你选择,你会选择哪一种?

A. 太阳

B. 高山

C. 河流

D. 森林

测试结果:

选 A :你的职业气场很有权威的能量,你在职场中有王者风范。你总是能够管理周围的一切,你在办公室就是众人目光的焦点。你的坦诚和乐观会让你成为很好的职业领袖。

选 B:你的职业气场有坚毅的能量,你善于坚持。你不喜欢被动,你喜欢主动去给别人带来正能量。但是你有一点固执,讨厌你的人会很讨厌你,喜欢你的人会疯狂地喜欢你,所以你的气场很难判定,可强可弱。

选 C :你的职业气场有包容的能量,你会成为最有魅力的职业人员,但是你成为不了最牛气的员工。你太照顾别人的感受,因此你会有些软弱,你能做成很多工作,但是你却不能做好一个重要的工作,你的职业能力提升到一定程度就会停滞了,因此你的职业气场只是偏强。

选 D:你的职业气场中蕴藏着幻想的力量。你会很有创造性,但是你却没有雄心壮志,你的职业能力很强,但是你不懂得修炼自己的职业气场。你是一个有才能的员工,但你也是一个职业气场很弱的员工。

3. 给你一盘水果沙拉,你只被允许吃其中的两种水果,你会选择:

A. 苹果和梨

B. 苹果和香蕉

C. 苹果和小番茄

D. 梨和香蕉

E. 梨和小番茄

F. 香蕉和小番茄

测试结果:

选 A:你慵懒的职业气场决定了你安于现状,你虽然渴望超越自我,但是内心的矛盾也比较大。要想有所成就,就一定要加油哦!

选 B:你渴望成功,却害怕行动,你需要调整你的职业气场,不然,它会越来越弱。记住,你的理想和行动一定要一致。

选 C:你的职业气场太温和了,渴望惬意的你一定要懂得给自己一点工作的欲望,你的职业气场已经“嗷嗷待哺”了。

选 D:你向往自由的工作方式,你满意的工作就会做得很好,不乐意做的工作就马虎对待,你的职业气场是起伏的,你需要好好想想自己的职业发展方向了。

选 E:你的职业气场很强,渴望超越自己,也渴望成功,拥有激情和执着。不过你要懂得适时给自己一些时间放松一下。

选 F:你的职业气场有些锐利,身边的人会佩服你的职业能力,但是不会主动去接近你。看来,你要让自己亲和起来。

测试 2:你的职业气场里缺少什么能量

1. 如果非要让你回到历史上的一个朝代,你会选择哪一个呢?

A. 秦朝

B. 唐朝

C. 元朝

D. 清朝

测试结果:

选 A:你缺乏协作的能量。你的职业气场中有很多自私的成分。你会特别注重自己的感觉,常常将自己的痛苦无限放大。你在工作中通常会走入绝境,你的职业能力很强,但是你只能靠自己去走出困境。建议你多去关心别人,去感受别人所遭遇的痛苦,这样你的朋友才会多起来。

选 B:你缺乏竞争的能量。你的职业气场很弱,总是害怕去与别人竞争,你总给人一种自信不足、逆来顺受的感觉。你不喜欢与人比较,但也不喜欢因此被人看扁,所以经常会在内心跟别人过不去。建议你要多主动地学习更多新的知识,多培养自己的兴趣和自主的能力。

选 C:你缺乏稳定的能量。你的职业气场太过于游离不定,你很有头脑,思想也与一般人不一样。虽然很多人欣赏你的专业能力,但是你的工作很不稳定,你总是想着跳槽,你的职业气场太乱了,会让人感到很不踏实。建议你尝试克服自己老是与人唱反调的习惯。

选 D:你缺乏改变的能量。你的职业气场太过于僵硬,你的生活给人很固定的感觉,你自己也会经常感觉在生活中处处受限。建议你多注重自己的真实感受,尝试将自己心里想讲的话说出来。

2. 你受到了一个没有署名的圣诞礼物,你会猜测是谁送给你的?

A. 恋人

B. 父母

C. 朋友

D. 兄长(姊妹)

测试结果:

选 A:你的职业气场中会有创意的能量,但是你缺少坚持的能量。你需要做的就是让自己努力静下心来好好地对待工作。

选 B:你的职业气场中会有"值得信赖"的能量,但是你缺少改变的能量。在你的观念里,成功不等于自己的立场,你只需要让自己工作开心,但这样你会失去有利于自己好的机会。

选 C:你的职业气场会有亲和的能量,但是你缺少主动的能量。你在岗位上总能找到合作伙伴,并且你也总能得到别人的帮助,但是你很少自己去学习,你得多一点求知的欲望了。

选 D:你的职业气场会有希望的能量,但是你缺少坚韧的能量。你总能够找到合适的贵人来帮助你解决工作上的困难,但是你却不懂得凭自己的力量来战胜逆境,你最应该做的就是提升自己的职业能力。

3. 有一天你加班到很晚,但是外面下雨了,你租的房子离公司不远,你会:

A. 打车回家

B. 淋雨回家

C. 先找个建筑物避避雨,等雨停了再说

D. 打电话让舍友来送伞

E. 停在原地,坐等认识的人路过

选 A:你的职业气场的负面能量指数 50%

你在岗位上有自己的一套工作思维,遇到问题时你会采取最直接的方式来解决,你会因为压力而产生职业能量。不过,你既不消极,但也不积极。如果总是害怕失败而不肯求新求变,那么你很可能会失去难得的机会。

选 B:你的职业气场的负面能量指数 10%

你天生就不知道你的消极气场为何物,要想利用挫折来打击你简直难如登天。你从来不去想明天要怎么做,总是过一天算一天。但是如果你哪一天突然遭受打击,真的一无所有的时候,你就很有可能会因此一蹶不振。

选 C:你的职业气场的负面能量指数 60%

你总是会事先做好最坏的打算,很可能在事先解决掉所有的麻烦,但这无法掩饰你的消极的本质。有时候你的处理方法可能会引来反效果,招致非议,弄得自己一身"腥"。

选 D:你的职业气场的负面能量指数 40%

你遇到事情的时候,往往容易异想天开,想一些旁门左道。说好听点是创新大胆,说难听点只能算是下大注碰运气,你只是不想思考解决的方法,实在不能怪你的职业能量够负面。

选 E:你的职业气场的负面能量指数 80%

你的职业能量太负面了,事情放着不管不会有奇迹发生。别想掩耳盗铃,以为天塌下来总会有人帮你顶,也许大难临头了你可能还浑然不知。